# Die *Tafel* kocht

DAS **KOCHBUCH** DER **MÜNCHNER TAFEL**

20 JAHRE

# Die Tafel kocht

DAS **KOCHBUCH** DER **MÜNCHNER TAFEL**

# Die *Tafel* kocht

## DAS **KOCHBUCH** DER **MÜNCHNER TAFEL**

# 20 Jahre
# *Münchner Tafel*
# Ein Dankeschön

20 Jahre Münchner Tafel – das bedeutet, 20 Jahre gemeinsam Großes bewegen. Und hier möchte ich vor allem den Begriff „gemeinsam" betonen. Die Münchner Tafel ist das geworden, was sie heute ist, weil unzählige ehrenamtliche Mitarbeiter unermüdlich wirken und uns seit 20 Jahren eine Vielzahl von Sponsoren nachhaltig mit Lebensmitteln und Geld unterstützt.

Und weil das so ist, ist die Münchner Tafel in der Lage, Jahr für Jahr mehr Bedürftigen Hilfe angedeihen zu lassen – immer öfters auch in wirklich schmerzhaften, persönlichen Notsituationen. Wir bedauern, dass es in einer reichen Gesellschaft immer noch so viel Armut gibt, aber wir sind gleichzeitig auch stolz, dass wir gemeinsam mit unseren Sponsoren und Mitarbeitern diese lindern und für so viele Menschen ein wenig Erleichterung schaffen können.

Getreu dieser Absicht wollen wir auch mit diesem Buch, das von Christine Paxmann und Dr. Hans-Jürgen Hereth entwickelt und von einer Reihe unserer treuen Sponsoren finanziert wurde, einen Beitrag dazu leisten, dass der Alltag von Menschen erleichtert wird, denen es nicht so gut geht, wie den meisten von uns. Kochideen in Verbindung mit Hinweisen zum Hauswirtschaften war unsere Anforderung. Das Ergebnis ist dieses schöne Buch, das in Zukunft für den 20. Geburtstag der Münchner Tafel stehen wird.

Hannelore Kiethe
*Mitbegründerin und Vorsitzende der Münchner Tafel e. V.*

# *Grußwort* Dieter Reiter

Die Landeshauptstadt München gilt als attraktiver Ort zum Leben, doch Armut und Ausgrenzung sind auch hier ein Thema. Nach dem jüngsten Münchner Armutsbericht 2011 leben in unserer Stadt über 200 000 Menschen in Armut, das ist fast jeder siebte. Die Landeshauptstadt bekämpft Armut und soziale Ungleichheit und finanziert zahlreiche Programme und Maßnahmen wie das Münchner Programm zur Beschäftigung und Qualifizierung oder das Sozialticket IsarCard S sowie vergünstigte Tagestickets für die öffentlichen Verkehrsmittel.

Genauso unverzichtbar ist das soziale Engagement von Institutionen und Vereinen wie der Münchner Tafel. Sie lindert Armut durch die Verteilung von kostenlosen Lebensmitteln an Menschen, die nur eine kleine Rente oder ein niedriges Einkommen haben. Dieses Kochbuch ist ein weiteres Beispiel für den unermüdlichen und ideenvollen Einsatz der Münchner Tafel für das Gemeinwohl der Stadt. Es enthält viele Vorschläge und Anregungen, wie man sich auch für wenig Geld ausgewogen und schmackhaft ernähren kann, und gutes Essen ist schließlich die Grundlage für Gesundheit und Wohlbefinden.

Herzlichen Dank an alle, die einen Beitrag zu der wichtigen Arbeit der Münchner Tafel leisten: die Sponsorinnen und Sponsoren sowie die Unterstützerinnen und Unterstützer ebenso wie die hauptamtlichen und ehrenamtlichen Mitarbeiterinnen und Mitarbeiter.

Ich wünsche Ihnen weiterhin viel Erfolg, Ihr Dieter Reiter
*Seit Mai 2014 Oberbürgermeister der Stadt München*

# *Grußwort* Christian Ude

Genießen Sie, was gut schmeckt, auch wenn es wenig kostet.

Gerichte für den schmalen Geldbeutel. Das klingt nicht gerade sexy in einer Welt, in der tägliche Koch-Shows unsere kulinarischen Ansprüche hochschrauben. Es ist aber nun mal so, dass viele beim Einkauf jeden Euro umdrehen müssen, nicht nur Hilfeempfänger oder Menschen in Ausbildung oder Alte mit kleiner Rente. Andere wissen nicht, wie sie das Geld für die Miete oder die Kinder zusammenkratzen sollen. Also bitte: Dieses Buch geht viele an.

Und es handelt nicht von der Tristesse des Speisezettels in materiellen Engpässen, sondern ganz im Gegenteil von der Kunst, sich clever zu verhalten. Ökologisch bewusst einzukaufen und zu kochen, hat ja auch nichts mit Entbehrung zu tun, sondern mit einer Absage an sinnlosen Verschleiß von Ressourcen.

Ihr Christian Ude
*Von 1993 bis März 2014 Oberbürgermeister der Stadt München*

# Die *Münchner Tafel e. V.*

**1994** Gründung als eine der ersten Tafeln in Deutschland mit dem Ziel, einwandfreie Lebensmittel, die vernichtet würden, Bedürftigen zu überreichen – getreu der Idee: „verteilen statt vernichten"

**CA. 18 000** versorgte Bedürftige pro Woche: u. a. von Altersarmut Betroffene, versteckte Arme, entwurzelte Menschen, Flüchtlinge, Menschen nach schweren Schicksalsschlägen, sozial Überforderte, kinderreiche Familien, Alleinerziehende, Arbeitslose, Kranke, Rentner, Asylbewerber, Alkohol- und Drogenkranke

**25** Verteilstellen im Stadtgebiet zur Ausgabe von Lebensmitteln an Bedürftige

**CA. 107** wöchentlich belieferte soziale Einrichtungen in München: Kinder- und Jugendeinrichtungen, Frauenhäuser, Mutter- und Kindhäuser, Notunterkünfte, Einrichtungen für Aids- und Drogenkranke, Streetworker, Wohngemeinschaften für psychisch Kranke, therapeutische Wohngruppen, staatliche und städtische Gemeinschaftsunterkünfte, Klöster und 4 Schulen, die unterversorgte, oft sozial benachteiligte Schüler mit gesunden Lebensmittelspenden unterstützen

**CA. 100 000 KG** ausgegebene Lebensmittel pro Woche; die qualitativ einwandfrei sind, aber im Wirtschaftsprozess nicht mehr verwendet werden (zum Beispiel aus Überproduktionen oder mit beschädigten Umverpackungen etc.)

**16** Lieferfahrzeuge (davon 12 Kühltransporter) und viele private Pkws

**ÜBER 500** ehrenamtlich Tätige

**ÜBER 150** Firmensponsoren – die aktuelle Liste finden Sie unter www.muenchner-tafel.de

**DIE MÜNCHNER TAFEL E. V.** ist ein karitativer, mildtätiger Verein zur Versorgung Bedürftiger in München mit Lebensmitteln, die gespendet werden.

**SCHIRMHERREN** Gabriela von Habsburg, Prof. Dr. Claus Hipp
**VORSITZENDE** Hannelore Kiethe
**VORSTAND** Ursula von Hammerstein, Klaus Hennenlotter, Peter Poertzel, Wolfgang Schubert

**SPENDEN** HypoVereinsbank München
Kto.-Nr. 6850193310; BLZ: 700 202 70
IBAN: DE37700202706850193310; BIC: HYVEDEMMXXX

*Stand: 3. Juni 2014*

# Für die Realisierung dieses Projekts
## *danken wir den Sponsoren:*

**Adobe**

AGENTUR**MAXIMILIAN**

**C L I F F O R D**
**C H A N C E**

*Dort-Hagenhausen-Verlag*

**franzmünchinger**
AUSLIEBEZUMÜNCHEN

**ERNST-JAKOB-HENNE**
S T I F T U N G

# Linklaters

*Gutes vermögen.*
## METZLER
*Stiftung*

 **STATE STREET.**

christine paxmann
text • konzept • grafik

you are what you create.

# Über dieses *Buch*

**DIE MÜNCHNER TAFEL KOCHT** – doch nicht nur für ihre Gäste, sondern für Jedermann/frau; für Menschen, bei denen jeden Tag, jeden Monat scharf gerechnet werden muss (z. B. Rentner, Studenten), und für solche, die erste Erfahrungen mit dem Kochen für sich und andere sammeln wollen oder müssen.

**100 GRUNDREZEPTE** und fast ebenso viele Variationen beschreiben den Umgang mit Lebensmitteln, die an den Ausgabestellen der Münchner Tafel ausgegeben werden. Grundlage für die Berechnung der Gerichte ist der Hartz-IV-Regelsatz. Billige oder kostenlose Lebensmittel und gesunde Ernährung schließen sich tatsächlich nicht aus. Deshalb wird neben den Rezepten dem kostengünstigen Leben ein großer Platz eingeräumt.

Selbstbestimmtes Leben und ein abwechslungsreiches, gutes und dabei nahrhaftes Essen fällt vielen Menschen mit knappen finanziellen Ressourcen oft schwer – zumal es auch mit einem Mehr an Eigeninitiative, Arbeit und Organisation verbunden ist. Das Buch ist eine Anregung, dies zu lernen und über den eigenen Schatten zu springen. Es versteht sich als Hilfe zur Selbsthilfe. Mit kleinen Veränderungen des alltäglichen Lebens ist es möglich, Geld einzusparen, das dann für „Extras" ausgegeben werden kann. Kostenlose Freizeitangebote locken nach draußen, wo es viel zu entdecken und erfahren gibt – für Kinder wie für Erwachsene. Denn „draußen tobt der Bär und daheim sterb'n die Leut", wie ein altes bayerisches Sprichwort so treffend sagt.

Aus diesem Grund legen wir auch Wert auf frei verfügbare Lebensmittel, die auf Spaziergängen gefunden werden können, wie Wildkräuter, Wildfrüchte, Nüsse, Obst etc., und zeigen dafür Zubereitungs- oder Kombinationsmöglichkeiten mit anderen Lebensmitteln.

**DIE TIPPS ZUR HAUSHALTSFÜHRUNG** sollen helfen, Kosten zu senken, Geld zu sparen und Lebensmittel optimal zu nutzen. Außerdem geben viele Adressen Tipps zur kostenlosen Freizeitgestaltung, zum Umgang mit Schulden und Hilfe bei Fragen rund um das tägliche Leben. Die Stadt München, die seit 20 Jahren die Münchner Tafel unterstützt, bietet zusammen mit anderen ehrenamtlichen, institutionellen und privaten Trägern hierzu viele Beratungsmöglichkeiten an.

In allererster Linie aber soll dieses Buch ein **WERTVOLLER BEGLEITER** im Leben sein. Einer, den man dauerhaft zur Hand nimmt und der das Nützliche mit dem Notwendigen und dem Genuss verbindet.

Ihr Hans-Jürgen Hereth für die *Münchner Tafel e. V.*

# Umrechnen der *Maße*

Ohne Erklärungen geht es nicht: Damit bei der Lektüre des Buchs keine Fragen offen bleiben, haben wir hier alle im Buch verwendeten Abkürzungen aufgeführt. Und keine Angst vor Maßangaben! Bei diesem Kochbuch braucht man keine Waage!

## UMRECHNUNGSTABELLE

**Becher** = ca. 300 ml oder 250 g
**Tasse** = ca. 200 ml oder 150 g
**8 EL** = 1 Tasse randvoll

## VERHÄLTNIS

**Tasse:Becher** = 1:1,5
**1 EL** = ca. 10 g bzw. ml Öl, Back-pulver, Mehl, Puderzucker, Stärke, Haferflocken oder
ca. 15 g bzw. ml Butter, Margarine, Zucker, Salz, Mayonnaise, Reis
**1 gehäufter EL/TL** = ca. 1/3 mehr Inhalt
**ca. 3 TL = 1 EL**

## OMELETTE/PFANNKUCHEN

**Verhältnis Mehl:Milch/Wasser** = 1:1–2

## PIZZA

**Verhältnis Mehl:Milch/Wasser** = 2:1

## Nützliche Küchengeräte

- Pürierstab
- Rührgerät, beide gibt es zumeist schon als Kombigerät – alternativ Schneebesen und Stampfer
- Reine oder ofenfeste Pfanne
- Küchenreibe mit verschiedenen Feinheitsstufen
- Sparschäler
- Messbecher, siehe auch Maßtabellen
- Teflonpfanne

## PORTIONSANGABEN

**1 Tasse Reis/Couscous** = 150 g
Mit 2 Tassen Wasser gekocht ergibt das 4 Portionen als Beilage oder 2 Portionen als eigenständiges Essen
**1 Becher Reis** = ca. 225 g
**1 Tasse Mehl** = 100 g
**150 g Fleisch, Fisch** = 1 Portion
**500 g Nudeln** = 4 Portionen oder pro Person 125 g
**10 kleine ungeschälte Kartoffeln** = 400 g,
**2 Portionen Kartoffeln** = 200–250 g pro Portion (ungeschält, roh)

## VERWENDETE ABKÜRZUNGEN

| | |
|---|---|
| **EL** | gestrichener Esslöffel |
| **TL** | gestrichener Teelöffel |
| **kg** | Kilogramm |
| **g** | Gramm |
| **l** | Liter |
| **ml** | Milliliter |
| **Bd.** | Bund |
| **Fl.** | Flasche |
| **Msp.** | gehäufte Messerspitze |
| **Pck.** | Päckchen |
| **TK** | Tiefkühlkost |
| **1 Prise** | eine Menge, die zwischen Daumen und Zeigefinder gefasst werden kann |

# Kalte Küche und *Salate*

# Bayerischer *Radi*

**FÜR 4 PERSONEN**
1 Rettich
1 EL Salz
etwas geschnittenen
Schnittlauch

Den Rettich schälen und den meist holzigen Stielansatz wegschneiden. Die große Kunst ist es, den Rettich wie eine Ziehharmonika zu schneiden. Hierfür gibt es einen speziellen Rettichschneider, den man am dicken Ende des Rettichs ansetzt und in Kreisbewegungen bis zur Spitze durchdreht. Man kann den Rettich aber auch einfach hobeln oder in feine Scheiben schneiden.

Anschließend den Rettich in eine Schüssel geben (kein Plastik) und großzügig mit Salz bestreuen und einreiben, damit überall Salz hinkommt. Zugedeckt mindestens 30 Minuten ziehen lassen, bis der Rettich ordentlich „geweint" hat, d. h. das Salz ihm Wasser entzogen hat. Mit dem Schnittlauch bestreuen.

# Bayerischer *Krautsalat*

**FÜR 4 PERSONEN**
1 kg Weißkohl
150 g Bauchspeck
50 g Schweineschmalz
(oder Öl)
3 Zwiebeln
5 EL Weinessig
3 EL Zucker
Salz, Pfeffer

Köstlich zu **Schweinebraten** oder Kässpatzen. Der Weißkohl kann auch ungekocht als Rohkost zubereitet werden, dann ist der Kohl aber schwerer verdaulich. Die Zugabe von Kümmel verhindert Blähungen.

Die Zwiebeln schälen und in Würfel schneiden. Den Weißkohl vierteln, den Strunk und die äußeren Kohlblätter entfernen. Dann die Viertel in feine Streifen schneiden.

Wasser in einem großen Topf zum Kochen bringen und die Weißkohlstreifen darin 5 Minuten kochen, dann abgießen. In einer Pfanne den Bauchspeck mit dem Schmalz knusprig anbraten und rausnehmen.

In derselben Pfanne die Zwiebeln anbräunen, den Weißkohl dazugeben und mit Salz und Pfeffer würzen. Anschließend Weinessig und Zucker zufügen. Die Kohlstreifen mit den Speckwürfeln in einer großen Schüssel mischen und 1 Stunde ziehen lassen.

**TK-Kräuter** einfach gefroren in den Quark rühren. Kräuterquark kann man mit Pellkartoffeln gut als Hauptgericht essen.

# Kräuter*quark*

### FÜR 4 PERSONEN

1 Zwiebel
1 Knoblauchzehe
2 Lauchzwiebeln
frische Petersilie, Schnittlauch (oder 1 Packung gemischte TK-Kräuter)
1/2 TL Paprikapulver
500 g Quark
evtl. etwas Milch
Salz, Pfeffer

Die Lauchzwiebeln von den äußeren Blättern befreien, das Wurzelende abschneiden und die Lauchzwiebeln in Ringe schneiden. Den Knoblauch schälen und durch eine Knoblauchpresse drücken oder mit etwas Salz fein hacken.

Die Kräuter waschen, mit einem Küchentuch trocken tupfen und ebenfalls fein hacken. Schnittlauch lässt sich auch gut mit einer Schere in Ringe schneiden.

Quark, Kräuter und Gewürze in eine Schüssel geben und gut durchrühren. Wenn der Quark zu trocken bzw. fest ist, einen Schuss Milch unterrühren. Mit Salz und Pfeffer abschmecken.

# Münchner *Wurstsalat*

**FÜR 4 PERSONEN**
 4 Regensburger Würste
 (oder 400 g Lyoner, Puten-
 lyoner, Leberkäse)
 1 große Zwiebel
 1 mittelgroße Essiggurke
 2 EL Weißweinessig
 2 EL Öl
 Salz, Pfeffer
 Schnittlauch, in Röllchen
 geschnitten

Die Haut der Wurst abziehen und die Wurst in dünne Scheiben schneiden. Die Zwiebeln schälen und in sehr dünne Ringe schneiden, die Essiggurke fein würfeln.

Alle Zutaten in einer Schüssel vermengen und mit Salz, Pfeffer, Schnittlauch, Öl und Essig würzen. Mindestens 10 Minuten ziehen lassen.

Für Schweizer Wurstsalat zusätzlich 200 g gewürfelten Emmentaler untermischen.

# Deftiger *Obazda*

**FÜR 4 PERSONEN**
 2 kleine Camembert
 1 Zwiebel
 100 g weiche Butter
 1 TL Paprikapulver
 2 Prisen Kümmel
 1 TL sehr fein gehackte
 rote Paprika
 1 gekochtes Eigelb
 geschnittenen Schnittlauch

Die Zwiebel schälen und fein hacken. Den Camembert mit einer Gabel zerdrücken und mit den restlichen Zutaten vermengen.

Nach Geschmack kann man auch einen Teil des Camembert durch Romadur (würziger) oder Doppelrahmfrischkäse (milder) ersetzen und einen Schuss Bier dazugeben. Um den Obazden cremiger zu machen, einfach etwas Sahne oder Milch zufügen.

# Linsen*humus*

**FÜR 4 PERSONEN**

200 g rote Linsen
1 Zitrone
3 EL Tahin-Sesampaste
1 TL gemahlener
Kreuzkümmel
1 Prise Chili- oder
Paprikapulver
3–4 EL Olivenöl
1 Bund gemischte
Frühjahrskräuter oder
Löwenzahn
3 hart gekochte Eier
1/2 Gurke
Salz, Pfeffer

Linsen in schwach gesalzenem Wasser 15 Minuten weich kochen, abgießen und gut abtropfen lassen. Die abgetropften Linsen mit den Gewürzen, dem Saft der Zitrone und dem Olivenöl cremig pürieren.

Die Kräuter bzw. den Löwenzahn klein schneiden und mit dem Püree vermengen. Die Eier und die Gurke schälen und klein hacken. Beides unter die Masse heben und mit Salz und Pfeffer abschmecken

**Tipp** Statt Sesampaste kann man auch zerdrückte Erdnüsse nehmen. Kreuzkümmel kann durch gemahlenen Kümmel ersetzt werden.

# Grill*salsa*

**FÜR 4 PERSONEN**

2 EL Rosinen
1 EL Balsamico
2 rote Paprika
1 Aubergine
1 Zucchini
2 Knoblauchzehen
2 Zweige Rosmarin
5 EL Olivenöl
1–2 EL Honig
1 TL Kreuzkümmel
1–2 TL Harissa (scharfe
Gewürzpaste)

Die Rosinen mit 1 EL Balsamico und 3 EL Wasser aufkochen und ziehen lassen. Das Gemüse putzen und in kleine Würfel schneiden. Den Knoblauch schälen und fein hacken. Die Rosmarinnadeln abstreifen und ebenfalls fein hacken.

Das Öl in einer Pfanne erhitzen, die Gemüsewürfel mit dem Knoblauch und dem Rosmarin darin anbraten und 15 Minuten dünsten.

Abkühlen lassen, die Rosinen abgießen und unter das Gemüse mischen. Mit Honig, Kreuzkümmel und Harissa abschmecken.

# Europäisches *Tabulé*

**FÜR 4 PERSONEN**

4 EL Bulgur
Saft von 1 1/2 Zitronen
1 Bund glatte Petersilie
1–2 Lauchzwiebeln
2 Tomaten
1 Stück Salatgurke,
ca. 10 cm
Salz, Pfeffer
2–3 EL Olivenöl
2 Romanaherzen

**Zum Anrichten** die Romanaherzen waschen und die einzelnen Blätter ablösen. Diese werden mit dem festen Stiel an den Schüsselrand gesteckt und dienen als Esswerkzeug.

Den Bulgur waschen, in eine Schüssel geben und mit Wasser auffüllen, bis der Bulgur bedeckt ist. Den Zitronensaft zugeben und den Bulgur ca. 10 Minuten quellen lassen.

Die Petersilie waschen und grob hacken. Von der Lauchzwiebel die äußerste Schicht abziehen, das Wurzelende abschneiden und die Lauchzwiebel klein schneiden. Gurke schälen, halbieren und die Kerne entfernen. Das feste Fruchtfleisch in kleine Würfel schneiden. Die Tomaten waschen, halbieren, den Stielansatz und die Kerne entfernen. Das Fruchtfleisch ebenfalls klein würfeln.

Die verbliebene Flüssigkeit vom Bulgur abgießen, den Bulgur mit den klein geschnittenen Lauchzwiebeln, Petersilie, Tomaten und der Gurke vermengen und mit Salz, Pfeffer und Öl abschmecken.

# Winter*salat*

**FÜR 4 PERSONEN**

1 mittlerer Chinakohl
2 große Karotten
1 Apfel

**Für die Soße**

2 EL gehackte Walnüsse
100 g Naturjoghurt
3 EL Sonnenblumenöl
1 EL Essig
Salz
1 TL Senf
1 TL getrocknete oder gefrorene Salatkräuter

Den Chinakohl waschen, putzen und in 1 cm breite Streifen schneiden, die Karotten schälen und grob raspeln.

Den Apfel schälen, vierteln, das Kerngehäuse entfernen und die Spalten in feine Schnitze schneiden. Alles gründlich vermengen.

Die Zutaten für die Soße in eine Schüssel geben und mit einem Schneebesen gut verrühren. Vor dem Servieren den Salat und die Soße vermengen und die Walnüsse darüberstreuen.

# Frühlings*salat*

**FÜR 4 PERSONEN**

200 g junge
Löwenzahnblätter
1 Handvoll Bärlauch
1 Handvoll Brunnenkresse
2 hart gekochte Eier
2 kleine Frühlingszwiebeln
mit Grün
1 kleiner Becher Sahne-
joghurt (150 g)
1 TL Balsamico
abgeriebene Schale von
1 unbehandelten Zitrone
Pfeffer, Salz
1 zerdrückte Knoblauch-
zehe
1 Handvoll Gänseblüm-
chenblüten
einige Veilchen

Die Eier schälen und achteln. Den Bärlauch, den
Löwenzahn und die Brunnenkresse waschen und mit
den Eiern auf Teller verteilen.

Die Frühlingszwiebeln putzen, klein schneiden
und mit den restlichen Zutaten zu einem Dressing
vermischen. Etwas ziehen lassen und über den Salat
gießen.

Anschließend mit den essbaren, aber geschmacks-
neutralen Gänseblümchenblüten und Veilchen
bestreut servieren.

# Feldsalat mit *Birne*

**FÜR 4 PERSONEN**

250 g Feldsalat
50 g geräucherter Speck
1 Birne
4 EL Sonnenblumenkerne

**Für die Soße**

4 EL Öl
2 EL Balsamico
1 TL Honig
Salz, Pfeffer

Die Wurzelenden und welken Blätter vom Feldsalat entfernen, die Blätter gut waschen und mit einer Salatschleuder oder in einem Stofftuch trocken schleudern. Den Speck würfeln und in einer Pfanne ohne Fett kross braten.

Die Birne schälen, das Kerngehäuse entfernen, die Spalten würfeln und mit dem Salat und dem Speck vermengen. Die Zutaten für die Soße vermischen und kurz ziehen lassen. Vor dem Anrichten den Salat mit der Soße übergießen und mit den Kernen bestreuen.

# Linsensalat mit *Chili*

**FÜR 4 PERSONEN**

200 g rote Linsen
125 g Cocktailtomaten
2 Lauchzwiebeln
1 Paprika
1 Salatgurke
250 g gewürfelte Ananas
(aus der Dose oder frisch)
1 kleine rote Chilischote
(Chilipulver oder -paste)

**Für das Dressing**

4 EL Balsamico
1 EL Ananassaft
1 TL Zitronensaft
3–4 EL Olivenöl
Salz, Pfeffer
1 TL Honig
Senf nach Geschmack

Linsen in schwach gesalzenem Wasser 15 Minuten weich kochen, abgießen und gut abtropfen lassen. Die Tomaten vierteln, die Lauchzwiebeln putzen und klein schneiden. Die Paprika waschen, die Gurke schälen, beide entkernen und fein würfeln. Alles mit den Linsen vermengen.

Die Zutaten für das Dressing mischen und 10 Minuten ziehen lassen. Kurz vor dem Servieren über den Salat geben.

# Lieblings*soße*

2 EL Olivenöl, 1 EL Balsamico, 1 TL Senf, Salz, Pfeffer, 1–2 EL Wasser, 1 EL Ahornsirup (oder 1 EL in Wasser aufgelöster Zucker), 1 Spritzer Zitronensaft

Alle Zutaten mit einem Schneebesen verrühren und etwas ziehen lassen. Erst kurz vor dem Servieren über den Salat geben.

**Gänseblümchen** kann man essen. Zusammen mit Oliven geben sie einem klassischen Kartoffelsalat Farbe.

# Kartoffelsalat *Klassiker*

**FÜR 4 PERSONEN**

1 kg speckige, fest-
kochende Kartoffeln
1/2 l Gemüsebrühe
150 g Bauchspeck
4 mittelgroße Gewürzgur-
ken, alternativ 1 gehobelte
Gurke
frische Kräuter
2 EL Essig
2 EL Olivenöl
Granatapfelkerne nach
Geschmack

Kartoffeln in der Schale nicht zu weich kochen, noch warm schälen und in Scheiben schneiden. Die noch warmen Kartoffelscheiben in einer großen Schüssel mit der ebenfalls warmen Brühe übergießen und ziehen lassen.

Den Speck klein würfeln, in der Pfanne auslassen und anbraten. Die Gewürzgurken klein schneiden und mit den Speckwürfeln, Kräutern, Salz, Pfeffer, Essig und Öl unter die Kartoffeln mengen und abschmecken.

**Varianten** Statt nur mit Essig und Öl kann man das Dressing auch mit etwas Mayonnaise, Salatcreme und/oder saurer Sahne variieren.

# Kartoffelsalat & *Kürbis*

**FÜR 4 PERSONEN**

500 g Pellkartoffeln vom Vortag

1 Glas eingelegte Kürbisstücke oder 300 g bissfest gekochter, in Würfel geschnittener Kürbis

100 ml Gemüsebrühe

5 EL Essig

2 Zwiebeln

1 cm frischer, fein gehackter Ingwer

3 EL Öl, 1 EL Currypulver

2 Orangen

200 g saure Sahne

4 EL Kürbiskerne

2 Stängel frische Minze

Die Kartoffeln schälen, in Scheiben schneiden und mit dem Kürbis vermengen. Die Zwiebeln schälen und fein würfeln. Die Brühe und den Essig erhitzen und über die Kartoffeln gießen. Den Ingwer mit den Zwiebeln in Öl anbraten und mit Currypulver bestäuben.

Eine Orange auspressen und mit dem Kürbiswasser 5 Minuten einkochen lassen. Nachdem die Soße abgekühlt ist, die saure Sahne unterrühren und alles mit den Kartoffeln und dem Kürbis vermengen.

Die zweite Orange so schälen, dass keine weiße Haut am Fruchtfleisch bleibt, in grobe Würfel schneiden und untermengen. Die Kürbiskerne in einer Pfanne ohne Fett anrösten und über den Salat streuen.

# Kartoffelsalat *mediterran*

**FÜR 4 PERSONEN**

750 g kleine Salatkartoffeln

Salz

1 Bund Frühlingszwiebeln

100 g schwarze Oliven ohne Stein

200 g Cocktailtomaten

5 EL Kapern

1 Bund Rucola

**Für die Soße**

2 EL Balsamico

4 EL Olivenöl

Salz, Pfeffer, 1 Prise Zucker

1 TL Senf

1 Knoblauchzehe

Die Kartoffeln schälen und in Salzwasser kochen. Dann abgießen, abkühlen lassen und in kleine Würfel schneiden.

Den Rucola waschen und die Tomaten halbieren. Den Knoblauch schälen und durchpressen.

Die Zutaten für die Soße vermengen und schaumig schlagen. Zusammen mit den Kapern, Rucola, Kirschtomaten und den Oliven zu den Kartoffeln geben und vermengen.

**Für die Variante** mit den Bohnen werden die Kartoffeln wie zum „Kartoffelsalat mediterran" zubereitet.

**Stangenbohnen** putzen und 5 Minuten in Salzwasser kochen. Lieblingssoße von Seite 20 anrühren und die Bohnen noch mit extra viel Zitronensaft beträufeln. Etwas gehobelten Parmesan oder geröstetes Brot darübergeben. Nach Belieben mit Kräutern bestreuen.

Dieser Salat schmeckt auch zu **kaltem** und **warmem Braten**.

Diese *Suppe*
ess ich gern

# Gemüse*suppe*

**GRUNDREZEPT**

1 1/2 l Wasser
Schnippelreste von Gemü-
se, z. B. Schalen, Abschnit-
te etc.
1 Lorbeerblatt
5 Wacholderbeeren
Salz, Pfeffer
1–2 EL Gemüsebrühpulver
oder 1 Brühwürfel
Trockenpilze nach
Geschmack

Die Gemüsereste mit den Gewürzen und den Tro-
ckenpilzen im Wasser zum Kochen bringen.

Das Ganze auf niedriger Temperatur ca. 1 Stunde
einkochen lassen. Anschließend durch ein Sieb abgießen. Mit Fertigbrühe abschmecken. Die Fertigbrühe und die getrockneten Pilze geben der Brühe
einen kräftigeren Geschmack.

Die so gewonnene Brühe kann als klare Suppe oder
mit einer Einlage wie z. B. Eierstich, Tortellini oder
Pfannkuchen serviert werden. Man kann die Suppe
auch zum Aufgießen für einen Fond oder eine andere Soße verwenden.

Die Reste können portionsweise eingefroren werden.

# Fleisch*suppe*

**GRUNDREZEPT**

1 1/2 l Wasser
1 Bund Suppengrün
Salz, Pfeffer
250–300 g Rindfleisch am
Stück

Das Suppengrün putzen und in gröbere Stücke
schneiden. In einem Topf mit dem Wasser übergießen und Salz zugeben. Einmal aufkochen lassen und
zugedeckt bei kleiner Hitze 90 Minuten köcheln
lassen.

Soll die Brühe sehr kräftig werden, gibt man das
Fleisch mit dem Gemüse ins kalte Wasser. Dadurch
gehen mehr Nährstoffe in das Wasser über. Kräftige
Suppen sind daher eine ideale Krankenkost.
Möchte man das Fleisch weiterverwerten, z. B. als
Tafelspitz, sollte man es in die heiße Brühe einlegen.
Dadurch bleibt das Fleisch saftig und behält seine
Nährstoffe.

## Suppentipps

■ Nocker, Knödel, Teigwaren wie z. B. Gnocchi oder Tortellini immer in die kochende Suppe geben, damit das Ei gerinnen kann.

■ Reis oder Couscous in kalter Brühe zusetzen (im Verhältnis 1 Teil Reis zu 2 Teilen Wasser), damit die Körner gleichmäßig aufquellen können.

■ Gebackene Suppeneinlagen z. B. Leberspätzle, Markknödel oder Pfannkuchen nicht mitkochen, sondern mit heißer Brühe übergießen.

■ Mehl nie in die Suppe bzw. den Eintopf einstreuen, da es sonst klumpt. Einfach in einer Tasse mit etwas Wasser glatt rühren und dann zugeben.

# Grießnockerl*suppe*

**FÜR 4 PERSONEN**
  Suppe (Tafelspitz- oder
  andere Fleischbrühe)

**Für die Nockerl**
  100 g weiche Butter
  Salz, Pfeffer
  1 Prise gemahlene
  Muskatnuss
  3 Eier
  200 g Grieß
  1 Prise Backpulver

Butter, Salz, Pfeffer und Muskatnuss schaumig rühren. Dann die Eier, den Grieß und das Backpulver zufügen und gründlich vermischen.

Die Masse 10 Minuten ziehen lassen, damit sie etwas quellen kann.

Mit einem angefeuchteten Teelöffel Nockerl abstechen und in die köchelnde Suppe geben. Darin 15 Minuten ziehen lassen.

# Lauchsuppe mit *Lachs*

**FÜR 4 PERSONEN**
  4 Stangen Lauch
  2 mittelgroße Kartoffeln
  1 l Fleischbrühe
  200 g Crème fraîche
  Salz, Pfeffer
  1 Prise geriebene Muskatnuss
  2 Scheiben Räucherlachs
  1/2 Bund frischer Dill

Den Lauch vom Wurzelende befreien, halbieren, gründlich waschen und in breite Streifen schneiden.

Die Kartoffeln schälen, würfeln und mit dem Lauch und der Brühe ca. 30 Minuten bei mittlerer Hitze kochen lassen. Crème fraîche, Muskatnuss, Salz und Pfeffer zugeben und alles pürieren.

Den Lachs in Streifen schneiden und auf die Suppenteller verteilen. Den Dill klein zupfen und die Suppe vor dem Servieren damit bestreuen.

# Linsen*suppe*

**FÜR 4 PERSONEN**

- 250 g Linsen
- 2–3 große Karotten
- 2 mittelgroße Kartoffeln
- 1 Stange Lauch
- 1 Zwiebel
- 1 EL Petersilie
- 200 g Bauchspeck
- 1 Lorbeerblatt
- 2 Nelken
- 4 Paar Würstchen (Wiener, Frankfurter, Pfälzer nach Geschmack)
- 2–3 EL Sahne
- Salz, Pfeffer, ev. Essig und Zucker

Die Linsen in einem Sieb waschen, abtropfen lassen und über Nacht in einer Schüssel mit Wasser einweichen.

Am nächsten Tag die Karotten und Kartoffeln schälen und würfeln. Die Lauchstange in 1 cm breite Stücke schneiden. Zwiebel schälen, Petersilie zupfen und beides klein hacken.

Den Speck klein schneiden, in einem größeren Topf bei mittlerer Hitze auslassen und darin die Zwiebel glasig andünsten. Das Gemüse hinzufügen, kurz schwenken und Petersilie und Linsen untermischen.

Dann mit 2 l Wasser auffüllen, die restlichen Gewürze zufügen und bei niedriger Temperatur ca. 2 Stunden köcheln lassen.

Kurz vor Ende der Garzeit die Würstchen (ganz oder in Scheiben geschnitten) 5 Minuten in der Suppe ziehen lassen. Die Sahne zufügen und – je nach Geschmack – mit Essig und etwas Zucker abschmecken.

# Holunder*suppe*

**FÜR 4 PERSONEN**
500 g Holunderbeeren
1 geschälte und entkernte
Birne
1 Msp. Zimt
1 Nelke
150 g Zucker
Salz
1/4 l Traubensaft oder
Rotwein
2 EL Speisestärke
125 g Sahne

Die Beeren waschen und mit der Birne, den Gewürzen und dem Zucker in 1 l Wasser erhitzen. 10 Minuten köcheln lassen und anschließend pürieren.

Den Wein oder Traubensaft zugeben und nochmals
erhitzen. Einen Teil der Sahne mit der Stärke glatt
rühren, bis keine Klumpen mehr drin sind, und
dann unter die Suppe rühren.

Zum Servieren die restliche Sahne auf die Teller
verteilen oder die Sahne steif schlagen und die Wölk-
chen auf die Suppe verteilen.

# Tomaten*suppe*

**FÜR 4 PERSONEN**
siehe Tomatensugo (S. 53)

**Zusätzlich**
4 Tomaten
200 g Sahne
1 Handvoll Basilikum-
blätter
ev. gröstete Brotwürfel

Von den Tomaten den Stielansatz und die Kerne entfernen und das Fruchtfleisch in gleichmäßige Würfel
(1 x 1 cm) schneiden.

Die Tomatenwürfel in den fertigen Sugo geben und
ein paar Minuten miterwärmen. Die Basilikumblätter in Streifen schneiden.

Die Suppe anrichten und mit den Basilikumblättern
bestreuen. Je nach Geschmack die Suppe mit Sahne
und den gerösteten Brotwürfeln verfeinern.

# Kartoffel*suppe*

**FÜR 2 PERSONEN**

500 g festkochende
Kartoffeln
1 Karotte
1/2 Sellerieknolle
1 kleine Petersilienwurzel
1/2 Fenchel
1 Brühwürfel
1 Zwiebel
50–100 g Bauchspeck
Salz, Pfeffer
nach Geschmack 200 g
Sahne
Kerbel, Majoran, Petersilie

Das Gemüse schälen und in Würfel schneiden, den
Bauchspeck ebenfalls würfeln.

Im Suppentopf die Zwiebel mit dem Bauchspeck
glasig auslassen, dann das Gemüse hinzufügen und
kurz mitbraten. Mit der Brühe aufgießen und die
Gewürze zugeben.

Für die „pure" Variante das Gemüse je nach Ge-
schmack bissfest bis weich kochen. Für die pürierte
Variante das Gemüse weich kochen und pürieren.
Dann mit Sahne aufgießen und nochmals aufkochen.

Zum Schluss die Kräuter hacken, zufügen und noch
mal abschmecken.

# Brot*suppe*

**FÜR 2 PERSONEN**

200 g Brotreste mit Rinde
1 Zwiebel
200 g saure Sahne
3 EL Butter
1 EL Petersilie
Salz, Pfeffer
1 Prise geriebene
Muskatnuss
50 g Speckwürfel

Die Brotreste in 1 cm große Würfel schneiden, die Zwiebel schälen und klein hacken. Petersilie waschen, trocken tupfen und fein hacken.

Die Brotwürfel mit 2 EL Butter in einem Topf ringsrum anrösten und dann entnehmen. Einen weiteren EL Butter in den Topf geben, zerlassen und darin die Zwiebel glasig werden lassen. Die Brotwürfel wieder zugeben und die Petersilie hinzufügen.

Das Ganze nach und nach mit 1 l Wasser aufgießen und 15 Minuten köcheln lassen. Zum Schluss die saure Sahne hinzufügen und alles pürieren. Mit den Gewürzen abschmecken und je nach Geschmack mit ausgelassenen Speckwürfeln bestreuen.

# Hühner*suppe*

**FÜR 4 PERSONEN**

1 frisches Huhn oder
2 Schenkel
1 Bund Suppengrün
2 Stängel Petersilie
1 Lorbeerblatt
Wacholderbeeren
Salz und Pfeffer

**Variation**

Die großen Stücke Gemüse entfernen (kann man aufheben, pürieren und anderweitig verwenden) und in die klare Suppe feine Streifen des in der Suppe verwendeten Gemüses kurz mitkochen. Das Gemüse sollte bissfest sein.

Das Suppengrün putzen und in grobe Stücke schneiden. Das Huhn waschen und mit dem geschnittenen Gemüse und der Petersilie in einen Topf mit Wasser geben und aufkochen. Auf kleiner Hitze köcheln lassen, bis sich die Haut problemlos vom Fleisch lösen lässt.

Das Huhn aus dem Topf nehmen, das Fleisch von den Knochen lösen, zerkleinern und wieder in die Suppe geben.

In einem separaten Topf Suppennudeln kochen, abgießen und im Teller zur Suppe geben.

# Kürbis*suppe*

**FÜR 4 PERSONEN**
1 kleinerer Hokkaidokürbis
oder 1 Spalte Muskatkürbis
1 Brühwürfel
200 g Sahne
Salz, Pfeffer

Den Kürbis schälen, Samen und Fasern entfernen
und das Fruchtfleisch würfeln.

1 l Wasser zum Kochen bringen und die Kürbisstücke mit dem Brühwürfel zugeben.

Den Kürbis weich kochen (Gabeltest), pürieren und
mit der Sahne leicht weiter köcheln lassen. Mit Salz
und Pfeffer abschmecken.

# Ei, Ei, Ei
## mag ich gern

# Eier*speisen*

**EIER GETRENNT** von stark riechenden Lebensmitteln lagern. Eigelbe kann man im Kühlschrank 2 Tage aufbewahren, indem man sie mit etwas Wasser benetzt, damit die Oberfläche nicht austrocknet.

**GESCHLAGENES EIWEISS** macht Teige lockerer.

**EISCHNEE** gelingt nur in völlig trockenen, fettfreien Gefäßen. Mit etwas Salz oder Zitronensaft bleibt der Schnee länger fest. Geschlagenes Eiweiß muss sofort weiterverwendet werden.

**EIER PLATZEN BEIM KOCHEN NICHT,** wenn man sie mit einer Nadel ansticht.

**SPIEGELEIER ERST KURZ VOR DEM SERVIEREN SALZEN,** sonst bilden sich unschöne Flecken auf dem Eigelb.

**EIER TRENNEN:** Das Ei in eine Hand nehmen und mit einem Messer in der Mitte anschlagen. Die Bruchstelle mit den Fingern erweitern und die Eierschale in 2 Hälften brechen. Beim Aufbrechen das Eigelb in eine der Hälften gleiten lassen. Das herauslaufende Eiweiß dabei in einem Gefäß auffangen. Das Eigelb ein paar Mal von einer Hälfte in die andere gleiten lassen, bis das restliche Eiweiß abgelaufen ist.

**WENN EIGELB ÜBRIG BLEIBT,** kann man es zusätzlich in Pfannkuchenteig geben.

# Das *Spiegelei*

**FÜR 1 PERSON**
  1–2 Eier
  etwas Öl oder Butter
  Salz, Pfeffer, Paprikapulver

Eine Pfanne mit etwas Öl oder Butter erhitzen und die Eier darin aufschlagen. Das Eigelb sollte dabei ganz bleiben. So lange braten bis das Eigelb gestockt ist und das Eiweiß einen knusprigen Rand hat. Mit Salz, Pfeffer und Paprikapulver würzen. Für festes Eigelb das Spiegelei kurz vor Ende der Bratzeit wenden.

# Das *Rührei*

**FÜR 1 PERSON**
  1–2 Eier
  50–100 ml Milch
  1 EL Butter
  Salz, Pfeffer
  ev. gehackte Petersilie
  oder Schnittlauch

Eier in eine Schüssel aufschlagen und mit Milch verquirlen. Butter in einer Pfanne schmelzen lassen und das Ei-Milch-Gemisch hineingießen, salzen und pfeffern. Sobald die Unterseite gestockt ist, diese vom Boden lösen und etwas zusammenschieben. Den Vorgang so lange wiederholen, bis das Eiergemisch gestockt ist. Mit den Kräutern bestreuen.

# Strammer *Max*

**FÜR 4 PERSONEN**

4 Scheiben Bauernbrot
40 g Butter
4 Scheiben gekochter
Schinken
1 EL Öl
4–8 Eier
Salz, Pfeffer,
etwas Paprikapulver
1/2 Bund Schnittlauch
2 Gewürzgurken
2 Tomaten

Die Brotscheiben mit Butter bestreichen und mit dem Schinken belegen. Die Tomate waschen, den Stielansatz entfernen und in Scheiben schneiden. Die Gewürzgurken längs in Scheiben schneiden und mit den Tomatenscheiben auf das Brot legen.

Das Öl in einer Pfanne erhitzen und darin die Spiegeleier braten. Mit Salz, Pfeffer und Paprikapulver würzen. Die heißen Spiegeleier auf die belegten Brote legen und mit Schnittlauch bestreuen.

# Pfannkuchen & Co.

250 g Mehl (Weizen oder Dinkel)
2–3 Eier
Salz
250–400 ml Milch
1 TL Backpulver
1 EL Zucker
3 EL Butterschmalz oder Öl

**Tipp** Die Pfannkuchen lassen sich wunderbar mit allem Möglichen füllen, z. B. süß mit Früchten, Marmelade oder Fruchtquark, aber auch herzhaft mit Spinat, einer Gemüsepfanne oder Hackfleisch. Bei herzhafter Füllung kann man den Zucker auch weglassen.

Die Zutaten bis auf das Fett in einer Schüssel zu einem flüssigen Teig verrühren. In der Pfanne etwas Butterschmalz erhitzen und so viel Teig hineingießen, bis der Boden bedeckt ist.

Nach etwa 2 Minuten den Rand des Pfannkuchens vorsichtig anheben, um zu sehen, ob er angebräunt ist. Dann den Pfannkuchen wenden und die andere Seite ebenfalls anbräunen. Herausnehmen und im Ofen bei 50 °C oder zwischen 2 Tellern warm stellen.

Die nächsten Pfannkuchen ebenso backen und warm halten, bis der Teig aufgebraucht ist. Nach 2 bis 3 Pfannkuchen die Pfanne mit einem Küchentuch auswischen und etwas neues Fett schmelzen lassen.

# Kaiserschmarrn

**FÜR 2 PERSONEN**

100 g Mehl
200 ml Milch
3 Eier
1 TL Backpulver
1/2 Pck. Vanillinzucker
Salz
3 EL Butterschmalz
Puderzucker

Die Eier trennen und die Eigelbe mit dem Mehl und den anderen Zutaten zu einem flüssigen Teig verrühren. Das Eiweiß zu steifem Schnee schlagen und den Eischnee vorsichtig unter den Teig heben. In einer beschichteten Pfanne das Butterschmalz erwärmen und den Teig hineingeben.

Sobald die Unterseite goldbraun ist, den Schmarrn vorsichtig mit Hilfe eines großen Tellers wenden. Den fertigen Schmarrn mit 2 Pfannenwendern oder Kochlöffeln in Stücke reißen und portionsweise mit Puderzucker bestreuen. Dazu passen Rosinen, Apfelmus und/oder Preiselbeerkompott.

# Topfen*palatschinken*

**REZEPT MIT ERDBEEREN**

200 g Erdbeeren
250 g Quark oder Topfen
2 EL Sahne
40 g Zucker
1 Pck. Vanillinzucker
abgeriebene Schale von
1/2 unbehandelten Zitrone

Die Erdbeeren putzen und vierteln. Alle Zutaten vermengen und eine halbe Stunde im Kühlschrank ziehen lassen.

Pfannkuchen wie im Rezept auf Seite 38 backen. Die fertigen Pfannkuchen rollen oder zusammenklappen und den Quark darüber verteilen.

Man kann die Pfannkuchen auch mit dem Quark füllen und in eine feuerfeste Form legen. Einige Butterstückchen darüber verteilen und 15 Minuten bei 200 °C im Ofen backen.

# Kässpatzn

**FÜR 2–3 PERSONEN**

2 EL Raps- oder Sonnen-
blumenöl
1 Zwiebel
400 g Eierspätzle (Fertig-
packung)
200 g würziger Reibekäse,
z. B. Emmentaler
2 EL Butter
Salz, Pfeffer

Die Zwiebel schälen und in Ringe schneiden. In einer Pfanne das Öl erhitzen und die Zwiebelringe darin kross anbraten. Auf Küchenkrepp abkühlen lassen.

Butter in der Pfanne zum Schmelzen bringen, die Spätzle darin anbraten und den Käse zugeben. Mit Salz und Pfeffer würzen. Wenn der Käse Fäden zieht, sind die Kässpatzn fertig. Aus der Pfanne nehmen und mit den Zwiebelringen bestreut servieren.

Nach Geschmack kann man das Gericht auch mit etwas Balsamico würzen. Dazu passt Salat.

**Tipp** Man kann Röstzwiebeln auch fertig kaufen, sie sind aber ziemlich fettig.

# Scheiterhaufen

**FÜR 4 PERSONEN**

500 g Weißbrot oder
Semmeln
500 g Zwetschgen
80 g Zucker
2 Msp. Zimt
1/2 l Milch
4 Eier
120 g Zucker
abgeriebene Schale von
1 unbehandelten Zitrone
1 Pck. Vanillinzucker
Butter für die Form
Salz
etwas Puderzucker

Die Zwetschgen waschen und halbieren. Dann entkernen und mit Zucker und Zimt vermischen. Ca. 10 Minuten ziehen lassen. Den Ofen auf 150 °C vorheizen. Eine Auflaufform dünn mit Butter aus-streichen.

Das Weißbrot/die Semmeln in ca. 1 cm dicke Schei-ben schneiden. Eine Hälfte der Scheiben in die Form schichten und die Zwetschgen darauf verteilen. Mit den restlichen Weißbrotscheiben bedecken.

Die Milch erwärmen. Eier, Zucker, Vanillinzucker, 1 Prise Salz und abgeriebene Zitronenschale unter-rühren.

Den Scheiterhaufen mit der Eiermilch übergießen und im Ofen ca. 50 Minuten backen. Mit Puderzuk-ker bestreuen und lauwarm servieren.

# Kartoffeln, *Erdäpfel!*
## *Variable* Sattmacher!

# Kartoffel*basics*

**KARTOFFELN** zählen zu den gesündesten Grundnahrungsmitteln. Sie bestehen zu ca. 80 % aus Wasser und bis zu 20 % aus leicht verdaulicher Stärke, die sich positiv auf den Stoffwechsel auswirkt. Kartoffeln haben einen hohen Gehalt an Kalium und Magnesium und besitzen ähnlich viel Vitamin C wie ein Apfel.

**KARTOFFELN** müssen dunkel, kühl und trocken gelagert werden, sonst keimen sie aus und verfärben sich grün. Neue Kartoffeln kann man mit einer Bürste reinigen und gekocht mit der Schale essen.

**FESTKOCHENDE KARTOFFELN** haben den geringsten Stärkegehalt, dafür mehr Wasser und Eiweiß. Sie sind meistens länglich geformt und eignen sich für Kartoffelsalate, Pommes frites, Rösti und Bratkartoffeln.

**VORWIEGEND FESTKOCHENDE KARTOFFELN** sind universell einsetzbar, verbinden sich gut mit Soßen und werden wegen des erhöhten Stärkegehalts beim Backen, Braten und Frittieren leicht braun.

**MEHLIGE KARTOFFELN** zerfallen beim Kochen wegen ihres hohen Stärkegehalts schnell. Gut geeignet sind sie für Suppen, Eintöpfe, Püree, Gnocchi und Knödel.

**KARTOFFELN KOCHEN:** Kartoffeln schälen und auf mittlerer Hitze in Salzwasser kochen. Die Kartoffeln sollten mit Wasser bedeckt sein. Nach etwa 20 Minuten mit der Gabel testen, ob sie gar sind. Je kleiner die Kartoffeln sind, desto kürzer ist die Garzeit. Wenn es einmal schnell gehen soll, kann man die Kartoffeln auch vor dem Kochen würfeln, dann sind sie nach etwa 10 bis 15 Minuten fertig.

# Brat*kartoffeln* . . .

**FÜR 2 PERSONEN**
  1 Zwiebel
  4 mittelgroße Kartoffeln
  3 EL Öl
  Salz, Pfeffer, Majoran
  1 EL Butterschmalz

**Achtung** Schwarz gebratene Kartoffeln fördern Krebs und es treten ungesunde Bitterstoffe aus.

**Tipp** Selbstverständlich kann man auch Restekartoffeln vom Vortag zu Bratkartoffeln verarbeiten.

Die Zwiebel schälen, hacken und im heißen Butterschmalz andünsten. Die Kartoffeln schälen und in feine Scheiben schneiden.

Die Kartoffeln zu den Zwiebeln geben und mit Majoran, Salz und Pfeffer würzen. Das Ganze durch oftmaliges Wenden auf mittlerer Hitze kross, aber nicht schwarz braten.

Dazu passt geräucherter Fisch, z. B. Lachs oder Forelle, mit Meerrettich.

# ... mit Matjes*heringen*

**FÜR 2 PERSONEN**
1 Zwiebel
1 Packung Matjes
200 g saure Sahne
150 g Naturjoghurt
Pfeffer, etwas Currypulver
1 TL scharfer Senf
ca. 15 Senfkörner

Die Zwiebel schälen und in Scheiben schneiden. Zusammen mit den anderen Zutaten in einer Schüssel vermengen und zugedeckt mindestens 1 Tag im Kühlschrank ziehen lassen.

# ... „Himmel und *Erde*"

**FÜR 2 PERSONEN**
je 1 Blut- und Leberwurst
1 Zwiebel
500 g gekochte Kartoffeln
(Vortag)
1–2 Eier
Salz, Pfeffer
1 TL Majoran
1–2 EL Butterschmalz

Die Blut- und Leberwurst häuten, in Scheiben schneiden und beiseite stellen. Die Zwiebel schälen und hacken.

Die Kartoffeln in Scheiben schneiden und mit der Zwiebel zu Bratkartoffeln verarbeiten. Gegen Ende der Bratzeit die Wurstscheiben hinzugeben und kurz anbraten.

Mit Salz, Pfeffer und Majoran würzen. Dann die Eier darüberschlagen, stocken lassen und servieren.

# ... mit *Leberkäse*

**FÜR 1 PERSON**
1 Scheibe Leberkäse
1 Ei

In einer Pfanne den Leberkäse mit etwas Butter von beiden Seiten abbräunen und dann herausnehmen.

In der gleichen Pfanne das Ei als Spiegelei braten, zum Schluss salzen, pfeffern und über den Leberkäse legen.

# Kartoffel*gratin*

**FÜR 2 PERSONEN**
500 g Kartoffeln
1/8 l Milch
125 g Sahne
Salz, Pfeffer, Muskatnuss
frischer Rosmarin
1 EL Butter
Reibekäse zum Überbacken
(nach Geschmack)

Die Kartoffeln schälen und in dünne Scheiben schneiden oder mit dem Gemüsehobel hobeln.

Den Ofen auf 180 °C vorheizen. Eine Auflaufform mit der Butter ausstreichen und die Kartoffeln locker schräg einschichten. Dabei die Scheiben mit Salz und Pfeffer und gezupften Rosmarinnadeln bestreuen.

Die Sahne mit der Milch mischen und über die Kartoffeln gießen. Mit dem Käse bestreuen.

Auf der mittleren Schiene im vorgeheizten Backofen ca. 30 Minuten garen lassen. Das Gratin ist fertig, wenn die Gabel leicht in die Kartoffeln eindringt (Gabeltest).

# Reiber*datschi*

**FÜR 2 PERSONEN**
4 mittelgroße Kartoffeln
1–2 Eier
3–4 EL Mehl
Salz, Pfeffer
6 EL Sonnenblumenöl

Die Kartoffeln schälen und auf einer Reibe je nach Geschmack fein oder etwas gröber in eine Schüssel reiben. Das Ei bzw. die Eier mit einem Löffel unterschlagen und alles salzen und pfeffern. So viel Mehl unterrühren, dass der austretende Stärkesaft gebunden wird.

Das Öl in der Pfanne erhitzen, mit einem Löffel einzelne Portionen in die Pfanne geben und platt drücken. Auf jeder Seite knusprig braten. Wenn nötig neues Öl in die Pfanne geben und mit dem Ausbacken fortfahren.

Die fertigen Reibekuchen auf einem Teller mit Küchenkrepp abtropfen und servieren.

Dazu passt Apfelmus oder auch Räucherlachs und Meerrettich.

**Variante** Statt der Kartoffeln kann man auch sehr gut Karotten oder Blattspinat, der gewaschen, blanchiert und klein geschnitten wurde, verwenden. Mit gedünsteten Zwiebeln oder Lauch, Kräutern und etwas ausgelassenem Bauchspeck kann man die Reiberdatschi verfeinern.

**Varianten**
Das Gratin kann
als Hauptgericht mit
allen möglichen Gemüsesorten
und Fleisch/Fisch in dieser Zube-
reitungsform kombiniert oder als
Beilage gereicht werden.

# Kartoffel*püree*

**FÜR 4 PERSONEN**
500 g festkochende
Kartoffeln
50 ml Milch
50 g Butter
Salz, Pfeffer
abgeriebene Muskatnuss

Die Kartoffeln schälen und klein schneiden. In einem Topf mit Wasser zum Kochen bringen und die Kartoffeln weich kochen.

Bis auf einen kleinen Rest das Kochwasser abgießen und die restlichen Zutaten zu den Kartoffeln geben. Die Kartoffeln zerstampfen und mit einem Löffel gut durchrühren.

Je nachdem wie sämig man die Konsistenz des Pürees haben will, noch etwas Milch zugießen. Ist das Püree zu flüssig, auf kleiner Hitze im offenen Topf einköcheln lassen.

# *Kräuter*kartoffeln vom Blech

**FÜR 4 PERSONEN**
7 EL Olivenöl
1 kg kleine, gleichgroße
festkochende Kartoffeln
5 Knoblauchzehen
einige Zweige Thymian,
Rosmarin, Oregano
grobkörniges Salz, Pfeffer

**Tipp** Es geht auch mit weniger Öl, wenn man Backpapier verwendet.

Ein Backblech mit 3 EL Olivenöl bestreichen. Die Kartoffeln waschen und vierteln. Mit Salz und Pfeffer bestreuen.

Den Ofen auf 200 °C vorheizen. Die Kräuter hacken. Den Knoblauch schälen und durch die Presse drücken.

In einer Schüssel die Kartoffelviertel mit den gehackten Kräutern, dem Knoblauch und dem restlichen Olivenöl vermengen und auf dem Backblech verteilen.

Im vorgeheizten Ofen ca. 30 Minuten backen. Die Kartoffeln passen zu gegrilltem Fleisch oder Fisch oder eignen sich als Hauptgericht mit einem Salat.

# *Gnocchi* selbst gemacht

**FÜR 4 PERSONEN**

- 600 g mehlige Kartoffeln
- 120 g Mehl
- 80 g Grieß
- 1–2 EL Magerquark
- 1 Eigelb
- Salz

Die Kartoffeln in der Schale kochen und ausdampfen lassen. Dann schälen und mit einer Gabel fein zerdrücken. Die Kartoffelmasse mit den restlichen Zutaten mischen und zu einem Teig verkneten.

In daumendicke Rollen formen und davon ca. 1 cm lange Stücke abschneiden. Die Stücke zu Kugeln formen.

Um die typische Gnocchiform zu erhalten, werden die Kugeln über einen Gabelrücken gerollt und dann auf eine mit Mehl bestäubte Platte gelegt.

Einen großen Topf Wasser zum Kochen bringen und salzen. Die Gnocchi darin ca. 5 Minuten ziehen lassen, bis sie an der Oberfläche schwimmen. Abgießen und mit der gewünschten Soße servieren.

# Pommes *frites*

1 kg Kartoffeln
1/2 l geschmacksneutrales
Öl oder Frittierfett

Die Kartoffeln schälen und in fingerdicke Stifte schneiden.

Das Öl oder Fett in einem hohen Topf erhitzen und die Kartoffeln vorsichtig mit Hilfe eines Sieblöffels oder einer Schaumkelle hineingeben.

Die Pommes frites ausbraten lassen, bis sie eine goldgelbe Farbe haben, und dann wieder mit einem Sieblöffels herausnehmen.

Auf einem Küchenkrepp abtropfen lassen und salzen.

Pommes frites können als Hauptgericht oder Beilage serviert werden.

**TIPPS** Je dünner man die Stifte schneidet, desto schneller sind sie fertig. Etwas dickere Stifte schmecken aber mehr nach Kartoffel.
Das Fett kann man für andere Gerichte noch ein- bis zweimal weiterverwenden, aber nicht öfter, sonst wird es ranzig.

**ACHTUNG** Das heiße oder abgekühlte Fett nicht in den Ausguss oder die Toilette schütten. Es verstopft die Rohre, da es beim Abfließen abkühlt und fester wird. Am besten füllt man das abgekühlte Fett in eine leere Milchtüte oder eine leere Dose und lässt es im Kühlschrank fest werden. Anschließend kann man es im Hausmüll entsorgen.

**FRITTIEREN** Da nicht jeder eine Fritteuse besitzt und diese für seltenen Gebrauch zu teuer ist, kann man sich einfach mit einem höheren Topf behelfen.
Zum Frittieren wird Raps- oder Sonnenblumenöl ca. 4 bis 5 cm hoch eingefüllt und erhitzt. Das Öl ist heiß, wenn sich um einen eingetauchten Holzlöffel Blasen bilden.
Das Frittiergut gut abtrocknen und vorsichtig in das heiße Öl geben. Wasserreste können zu schmerzhaften Fettspritzern bis hin zu Verbrennungen führen.
Anschließend das Frittierfett wie oben beschrieben wiederverwenden bzw. entsorgen.

# Kartoffel*gulasch*

**FÜR 4 PERSONEN**
6–8 Zwiebeln
2 EL Öl, 1/2 TL Kümmel
abgeriebene Schale von
1 unbehandelten Zitrone
2 EL Tomatenmark
1 TL edelsüßes Paprika-
pulver
1/2 TL Cayennepfeffer oder
getrocknete Chilischoten
2 zerdrückte
Knoblauchzehen
1/2 l Fleischbrühe
500 g vorwiegend festko-
chende Kartoffeln
1 TL Majoran, Salz

Die Zwiebeln schälen, fein hacken und in Öl anbraten. Kümmel, Zitronenschale, Tomatenmark, Paprikapulver und den Pfeffer dazugeben und mitrösten.

Etwas später den Knoblauch hinzufügen. Mit der
Brühe ablöschen und 15 Minuten köcheln lassen.

Die Kartoffeln schälen, in gleich große Würfel
schneiden und in die Pfanne geben.

Alles aufkochen und dann weitere 20 bis 30 Minuten köcheln lassen, bis die Kartoffeln bissfest sind.
Immer wieder umrühren und mit Salz und Pfeffer
abschmecken.

**Das Gulasch** kann als Beilage oder mit Leberkäse, Fleischwurst oder Regensburger
(die letzten 10 Minuten der Kochzeit zugeben) als Hauptgericht gereicht werden.

# Fisch-Kartoffel-*Auflauf*

**FÜR 4 PERSONEN**
1 kg mehligkochende Kar-
toffeln
600 g Fischfilet, z. B.
Lachs, Kabeljau etc.
200 g frische Pilze
20 g Butter
1 Zwiebel
200 g Schlagsahne
1/2 l Fond oder Brühe
Salz, Pfeffer, Oregano

Den Ofen auf 200 °C vorheizen. Den Fisch in Stücke
schneiden. Die Pilze putzen, in Scheiben schneiden.
Kartoffeln schälen und ebenfalls in Scheiben schneiden. Die Zwiebel schälen und klein schneiden.

Eine Auflaufform mit Butter bestreichen und im
Wechsel lagenweise Fisch, Pilze, Zwiebel und Kar-
toffeln einschichten. Dabei salzen, pfeffern und mit
Oregano bestreuen.
Das Ganze mit einer Kartoffelschicht abschließen.
Mit der Sahne und dem Fond übergießen.

Im vorgeheizten Ofen auf mittlerer Schiene ca.
40 Minuten backen. Das Gericht ist fertig, wenn
sich eine Gabel leicht in die Kartoffeln stechen lässt.

# Soßen

## Currysoße

1–2 EL geschmacksneutra-
les Öl oder Sesamöl
1 Zwiebel oder
2–3 Lauchzwiebeln
1/2 Apfel
1 Dose Ananasstücke
200 g Sahne oder
Kokosmilch
1–2 TL Currypulver

**Tipps** Statt des Apfels kann man
auch Mango, Pfirsiche und/oder
Bananen verwenden. Nachschärfen
kann man mit Chilis, Chilipulver
oder Sambal Oelek, entschärfen
mit Sahne oder Milch.

Die Zwiebel und den halben Apfel schälen und klein
schneiden. Die Ananasstücke abtropfen lassen.

Das Öl erwärmen und die Zwiebel darin auf mittlerer Hitze glasig dünsten. Den Apfel und die abgetropften Ananasstücke zugeben und mit der Sahne
oder der Kokosmilch übergießen.

Das Ganze um 1/3 einkochen lassen, bis die Soße
sämig wird. Mit dem Currypulver würzen.

Zu dieser Soße kann man praktisch alle Fleisch- und
Fischsorten kombinieren. Am besten schmeckt dazu
Huhn und Duftreis.

## Bechamelsoße

2 EL Butter
2 EL Mehl
300 ml Milch
Salz, Pfeffer
1 Prise geriebene
Muskatnuss

In einem Topf die Butter bei mittlerer Hitze schmelzen. Dann das Mehl zugeben und mit einem Schneebesen zügig zu einer cremigen Masse verrühren.

Nach und nach unter Rühren die Milch hinzufügen,
damit keine Klumpen entstehen. Die Soße aufkochen und ca. 10 Minuten köcheln lassen, dabei
immer wieder umrühren. Mit Salz, Pfeffer und
Muskatnuss abschmecken.

## Erdnusssoße

100 g Erdnussbutter
1 EL Honig
2 EL Brühe/Sojasoße/Milch
– je nach Belieben
Currypulver, 160 ml Brühe

Die Zutaten miteinander verrühren und auf mittlerer Hitze erwärmen.

Die Soße kann warm oder kalt gegessen werden.

# Pesto (Genovese)

200 g Basilikumblätter
1 Knoblauchzehe
5 EL Olivenöl
50 g Pinienkerne
50 g geriebener Parmesan
Salz, Pfeffer

**Tipp** Nicht gleich verwendetes Pesto kann man in eine kleine Schüssel oder ein Schraubglas geben, mit Olivenöl bedecken und einige Tage im Kühlschrank aufbewahren.

Alle Zutaten in einen hohen Rührbecher geben und mit dem Pürierstab mixen.

Damit das Pesto etwas würziger schmeckt, kann man auch Petersilie zugeben. Weitere Alternativen sind Rucola/Rauke, junger Löwenzahn oder Bärlauch. Man kann die Kräuter einzeln oder gemischt verwenden, in jedem Fall sollten es junge Blätter, Blüten bzw. Knospen sein.

Statt der Pinienkerne kann man auch Sonnenblumen- oder Kürbiskerne verwenden.

# Rotes Pesto

200 g getrocknete Tomaten
4 Knoblauchzehen
2 kleine rote Chilischoten
30 g gemahlene Mandeln
30 g Parmesan
5 EL Olivenöl

Alle Zutaten in einen hohen Rührbecher geben und mit dem Pürierstab mixen.

**Tipp** Pesto lässt sich auch als Marinade für Fleisch verwenden. Ebenso kann man in Fleisch Taschen schneiden und diese mit dem Pesto füllen oder es unter die Haut von Geflügel streichen.

# Tomatensugo

1 Zwiebel
1 1/2 EL Olivenöl
500 ml passierte Tomaten
1 Dose gehackte Tomaten
1 Brühwürfel
1–2 TL Oregano
1 TL Thymian
1–2 EL Petersilie
1 Stengel Rosmarin
Salz, Pfeffer

Die Zwiebel schälen und klein schneiden. Die Petersilie waschen und hacken.

Die Zwiebel in dem Olivenöl bei mittlerer Hitze andünsten und glasig werden lassen. Danach mit den passierten Tomaten und der gleichen Menge Brühe ablöschen.

Die Gewürze hinzugeben und das Ganze bei kleiner Hitze 1 Stunde einkochen lassen. Der Sugo reduziert sich dabei etwa um die Hälfte.

Immer dieses *Grünzeug* ! *Gemüse* macht satt!

# Gemüse*basics*

**GEMÜSE** am besten frisch verarbeiten. Bei längerer Lagerung verliert es die meisten Vitamine.

**SALATE** in Zeitungspapier einschlagen, Kräuter in feuchten Tüchern oder einem luftdichten Kunststoffbehälter im Kühlschrank aufbewahren.

**GEMÜSE UND OBST** sollten nicht zusammen gelagert werden, da sie sich gegenseitig negativ beeinflussen und so ihre Lagerfähigkeit verlieren.

**GEMÜSE** immer waschen, um Schadstoffe von der Oberfläche zu entfernen, aber nicht im Wasser liegen lassen, da dadurch Vitamine ausgespült werden.

**GEMÜSE** mit wenig Wasser dünsten und „bissfest" kochen, es schmeckt so nicht nur besser, es enthält auch mehr Vitamine.

**HELLE GEMÜSESORTEN** wie Blumenkohl oder Sellerieknolle verfärben sich mit etwas Zitronensaft oder Essig im Kochwasser nicht.

**MARINADEN** im Kühlschrank ziehen lassen.

**GEMÜSE** vor dem Einfrieren kurz blanchieren.

**DIE MEISTEN GEMÜSEARTEN** kann man sowohl dünsten als auch anbraten.

**DÜNSTEN** bezeichnet das Garen von Gemüse, Fisch, Geflügel oder Fleisch in sehr wenig Flüssigkeit und evtl. etwas Fett bei kleiner bis mittlerer Hitze. Der Vorteil ist, dass Nährstoffe und Geschmack besonders gut erhalten werden, ähnlich wie beim Dämpfen.

Zum Dünsten das Gemüse in Scheiben schneiden, stifteln oder in große Querstreifen schneiden, etwas Butter und Brühe dazugeben und die Flüssigkeit bei mittlerer Hitze einkochen, dabei den Topfdeckel halb offen lassen.

Salz, Pfeffer, etwas Thymian oder Rosmarin können gleich mitgedünstet werden. Petersilie immer am erst zum Schluss zugeben, da sie bei Hitze schnell an Geschmack verliert.

**ANBRATEN:** Die Vorbereitung ist die gleiche wie beim Dünsten, nur wird hier das Gemüse in einer Pfanne mit etwas Olivenöl angebraten, dann wird die Temperatur reduziert und das Gemüse bissfest gegart.

**BLANCHIEREN (auch BRÜHEN, ÜBERBRÜHEN oder ABWÄLLEN)** ist die Bezeichnung für das kurzzeitige Eintauchen von Lebensmitteln in kochendes Wasser. Die Oberfläche von Fleisch nimmt dabei eine weißliche Farbe an, daher stammt auch der Name (franz. *blanchir* – weiß machen).

**SPARGEL:** Den weißen Spargel mit einem Sparschäler oder Messer von kurz unterhalb der Spitze bis zum unteren Ende schälen, die holzigen Enden abschneiden. Den grünen Spargel nur in der unteren Hälfte schälen. Den weißen Spargel im Wasserbad mit den Schalen, etwas Salz, Pfeffer, 1 TL Olivenöl und 1/2 TL Zucker leicht bissfest kochen. Den grünen Spargel in ca. 5 cm lange Stücke schneiden und in einer Pfanne in Olivenöl anbraten, mit etwas Wasser ablöschen und fertig garen lassen.

Das Spargelwasser kann man zum Aufgießen für ein Risotto oder als Grundlage für eine Spargelsuppe verwenden, ebenso die Spargelreste. Es eignet sich auch als Fond für Soßen.

**ROH GERIEBENE KAROTTEN UND SELLERIE** behalten mit einem Spritzer Zitronensaft ihre Farbe.

**DER SAFT VON ROTEN RÜBEN** kann als Lebensmittelfarbe benutzt werden. Rote Rüben mit Schale kochen und danach kurz mit kalten Wasser abschrecken. Sie lassen sich dann leichter schälen.

**KOHL** nach dem Schneiden stampfen, dann wird er zarter und nimmt die Marinade besser an.

**PAPRIKA** schneidet man am einfachsten, indem man die halbierte, entkernte und vom Strunk befreite Paprika von der Innenseite aus schneidet.

**BROKKOLI** gart gleichmäßig, wenn der Strunk kreuzförmig eingeschnitten wird.

**RHABARBER** erhält einen milderen Geschmack, wenn die geschnittenen Stücke vor dem Kochen mit heißem Wasser übergossen werden und danach etwas Orangensaft zugefügt wird.

**ZWIEBELN** werden durch etwas Zucker beim Braten besonders knusprig. Angeschnittene Zwiebeln zum Aufbewahren mit der Schnittfläche auf einen Porzellanteller legen, da er nicht den Zwiebelgeruch annimmt.

Keimende Zwiebeln kann man noch essen, angefaulte sollte man aber wegwerfen.

**GURKEN** sollten wegen der Bitterstoffe am Stengelansatz grundsätzlich geschält werden. Nicht zusammen mit Tomaten lagern, da diese ein Gas ausströmen, das die Gurke schnell vergilben lässt.

**TOMATEN** verlieren im Kühlschrank ihr Aroma. Man kann sie in der Sonne, z. B. am Fensterbrett oder auf dem Balkon, nachreifen lassen.

**TIPP** Gurken, Möhren, Staudensellerie und Paprika kann man auch gut als Fingerfood roh knabbern. In Streifen geschnitten oder in fingerdicken Stangen sind sie eine gesunde Alternative zu Chips und ähnlichem. Auch helfen sie beim Abnehmen gegen Hungerattacken.

# Ofen*gemüse*

**FÜR 2 PERSONEN**

3 große Kartoffeln
1 Zucchini
2 Karotten
2 Zwiebeln
1 Lauchstange
2 rote Spitzpaprika
1–2 EL Öl
Salz, Pfeffer
2 EL frische oder getrocknete Kräuter, z. B. Oregano, Thymian, Rosmarin

Den Ofen auf 200 °C vorheizen. Das Gemüse schälen oder waschen und in ca. 5 mm dicke Scheiben
oder Stifte schneiden.

Für die Soße Öl, Salz, Pfeffer und Kräuter verrühren
und mit dem klein geschnittenen Gemüse vermengen.

Das marinierte Gemüse auf ein Ofenblech mit Backpapier legen. Im vorgeheizten Ofen ca. 20 Minuten
braten und dabei mehrmals wenden.

# Wurzel*gemüse im Ofen*

**FÜR 2 PERSONEN**

5 kleine Kartoffeln
4 Karotten
4 Pastinaken
1 Sellerie
3 Zwiebeln
1 Knolle vorgekochte Rote
Bete
2 Knoblauchzehen
1–2EL Öl
Salz, Pfeffer
2 EL frische, gehackte oder
TK-Kräuter, z. B. Petersilie,
Thymian, Majoran, Kerbel

Den Ofen auf 200 °C vorheizen. Das Gemüse schälen oder waschen. Karotten und Pastinaken in Stifte
schneiden, Zwiebeln, Rote Bete und Kartoffeln
halbieren.

Für die Soße Öl, Salz und Pfeffer verrühren und mit
dem klein geschnittenen Gemüse vermengen.

Das marinierte Gemüse in eine mit Backpapier
ausgelegte Reine geben. Im vorgeheizten Ofen ca.
30 Minuten garen und dabei mehrmals wenden.

Zum Schluss die Kräuter unterrühren.

# Frischer *Blattspinat*

**FÜR 2 PERSONEN**
500 g Blattspinat
Salz, Pfeffer
1 Zwiebel
1 Knoblauchzehe
2 EL Öl

Wenn möglich die jungen kleinen Blätter kaufen. Im Winter bekommt man eher den sehr stieligen Spinat. In jedem Fall gut waschen, eventuell mehrmals, damit es später nicht zwischen den Zähnen knirscht. Die harten Stiele entfernen. Es gibt zwei Zubereitungsarten:

a) Den Spinat in einem Topf mit heißen Salzwasser blanchieren – er ist dann innerhalb von ein paar Minuten fertig – abgießen und servieren.

b) Die Zwiebel und die Knoblauchzehe schälen und klein schneiden. Das Öl in einer Pfanne erwärmen und den gewaschenen und abgetropften Spinat mit der Zwiebel und dem Knoblauch zugeben. Salzen, pfeffern und gut vermengen.

**Tipp** Dazu passen Salzkartoffeln und Spiegeleier oder Leberkäse.

# Karotten/*Möhren*

1 große oder 2–3 mittlere Karotten pro Person
Salz, Pfeffer
etwas Brühe
1 TL Butter
1 TL Petersilie

Die Karotten schälen und in Stifte oder Scheiben schneiden. In einem Topf bei mittlerer Hitze mit den restlichen Zutaten dünsten.

**Variante** Man kann Karotten auch in Butter karamellisieren: 1 EL Butter in einer Pfanne erhitzen. Sobald sie geschmolzen ist, 1 EL Zucker einstreuen und so lange rühren, bis sich der Zucker aufgelöst hat. Dann die in Stifte geschnittenenen Karotten zugeben und unter Rühren ca. 10 Minuten karamellisieren.

Je nach Region werden Karotten auch als Möhren oder gelbe Rüben bezeichnet.

# Auberginen

**Für gebackene Auberginen** diese in Scheiben schneiden und wie beschrieben vorbereiten. Dann die Scheiben in Mehl wenden und in heißem Öl ausbacken, bis sie eine goldgelbe Farbe angenommen haben. Auf Küchenkrepp abtropfen lassen.

Vor der Zubereitung muss die Aubergine gesalzen werden, damit sie weicher wird. Je nach Weiterverwendung schneidet man sie dazu in 1 cm große Würfel oder ebenso breite Scheiben. In ein höherwandiges Gefäß geben und salzen. Mit einem Teller abdecken und ca. 1 Stunde stehen lassen und danach das ausgetretene Wasser abgießen.

# Kohlrabi

FÜR 1 PERSON
1 kleiner Kohlrabi
Salz, Pfeffer
etwas Brühe
1 TL Butter

Den Kohlrabi schälen, bis er keine holzigen Stellen mehr aufweist. In fingerdicke Stifte schneiden.

In einem zugedeckten Topf auf mittlerer Hitze mit den restlichen Zutaten ca. 20 Minuten dünsten.

Auf die gleiche Weise wird auch Lauchgemüse zubereitet. Pro Person nimmt man 1/2 Stange Lauch.

# Zucchini

FÜR 1 PERSON
1 Zucchini
2 Lauchzwiebeln
Salz, Pfeffer
1 TL Oregano
1 Zweig Thymian
1 TL gehackte Petersilie
3 EL Olivenöl

Die Zucchini waschen, die beiden Enden abschneiden und in grobe Streifen oder Scheiben schneiden. Die Lauchzwiebel putzen und in Ringe schneiden. Beides in einer Pfanne in heißem Öl anbraten. Die Kräuter und Gewürze hinzugeben und mehrmals umrühren.

Die Zucchini sollten beim Servieren noch ziemlich bissfest sein.

# Gemüse*curry*

1 rote Spitzpaprika
2 Karotten
100 g Pilze
1 Bund Frühlingszwiebeln
1 Knoblauchzehe
200 ml Kokosmilch
1 EL rote Thaicurry- oder
Chilipaste
2 EL Sonnenblumen-,
Raps- oder Sesamöl
Salz

**Tipp** Die Curry- oder Chilipaste immer erst anbraten, damit sich ihr Aroma entfalten kann. Wenn das Curry zu scharf geworden ist, hilft die Zugabe von Kokosmilch.

Das Gemüse putzen und in dünne Streifen schneiden. Die Frühlingszwiebeln putzen und ebenfalls in Streifen schneiden. Den Knoblauch schälen und fein hacken. Die Pilze säubern und vierteln.

Das Öl in einem Wok oder einer Pfanne mit hohem Rand erhitzen und die Currypaste unter Rühren anbraten. Anschließend mit der Kokosmilch aufgießen.

Aufkochen lassen, die Zwiebeln, den Knoblauch und die Karotten dazugeben und bei mittlerer Hitze köcheln lassen. Das Gemüse soll beim Servieren noch Biss haben.

Wichtig ist, dass das Gemüse in feine Streifen geschnitten und nach seiner jeweiligen Garzeit zugegeben werden muss. Das bedeutet, die Gemüse, die am schnellsten gar sind, wie z. B. Zucchini und Pilze, werden erst am Schluss hinzugegeben.

Dieses Grundrezept lässt sich beliebig mit allen möglichen Gemüse- und Obstsorten variieren. Gut passen z. B. Auberginen, Bohnen, Kohl, Babymaiskolben, Zuckerschoten, Zucchini, Banane, Pfirsich oder Apfel. Außerdem kann man das Curry mit Fleisch und Fisch kombinieren. Beides sollte ebenfalls in dünne Streifen geschnitten werden. Es kann im Wok oder der Pfanne vor dem Gemüse angebraten und dann zur Seite gestellt werden. Sobald das Gemüsecurry fertig ist, wird das Fleisch für einige Minuten dazugegeben.

# Türkische *Finger*

**FÜR 4 PERSONEN**

10 Karotten
2 Scheiben Vollkorntoast
4 getrocknete Aprikosen
4 Frühlingszwiebeln
1 EL Rosinen
2 EL Pinien- oder Sonnen-
blumenkerne
1 Bund glatte Petersilie
6 Blatt frische Minze (alternativ der Inhalt eines
Beutels Pfefferminztees)
1/2 TL Cayennepfeffer
1/2 TL edelsüßes Paprika-
pulver
1 Ei
Salz, Pfeffer
etwas Mehl, 4 EL Olivenöl

Die Karotten schälen, in Scheiben schneiden und mit etwas Wasser weich dünsten.

Karotten, Frühlingszwiebeln, Brot, Rosinen, Pinienkerne, Petersilie, Aprikosen und Minze grob pürieren und mit den Gewürzen und dem Ei vermischen. Mit Salz und Pfeffer abschmecken.

Aus dem Teig fingerlange und -dicke Rollen formen, in dem Mehl wenden und in heißem Öl goldgelb braten.

Dazu passt griechischer Jogurt oder Sahnejoghurt mit 1 EL Honig und etwas Zitronensaft.

# Kohlrabi*blätter*

**FÜR 1 PERSON**

Blätter von 1 Kohlrabi
100 g Bauchspeck in
Scheiben
1 Zwiebel
1 Knoblauchzehe
200 ml Gemüsebrühe
1 TL Öl
Salz, Pfeffer

**Dieses Gericht** kann man auch mit gekochtem Kohlrabi und einer (Süß-)Kartoffel ergänzen.

Kohlrabiblätter waschen, grob schneiden und die harten Stängel entfernen. Die Zwiebel schälen und hacken. Den Knoblauch schälen und in Scheiben schneiden.

Den Speck mit etwas Öl in einem Topf anbraten, dann die Zwiebeln und den Knoblauch zugeben und goldgelb dünsten. Dann die Kohlrabiblätter zufügen und ca. 5 Minuten unter Rühren mitdünsten.

Mit der Gemüsebrühe ablöschen und bei fast geschlossenem Deckel weitere 25 Minuten bei kleiner Hitze fertig dünsten. Mit Salz und Pfeffer abschmecken.

# Küchlein *mit* *Bärlauchsoße*

**FÜR 4 PERSONEN**

- 400 g Karotten
- 400 g Kartoffeln
- 4 Lauchzwiebeln
- 2 Knoblauchzehen
- 100 ml Milch
- 4 Scheiben Toastbrot
- 2 Eier
- Salz, Pfeffer
- 3 EL Butter
- 1 Bund Bärlauch
- 1 Spritzer Zitronensaft
- 400 g Naturjoghurt
- 1 Prise Zucker

Möhren und Kartoffeln schälen und fein raspeln. Die Zwiebeln und den Knoblauch schälen und klein schneiden. Mit den Möhren und Kartoffeln vermengen.

Das Toastbrot in der Milch einweichen und gut ausdrücken. Mit den Eiern und den Gewürzen zum Gemüse geben und gut vermengen.

Aus dem Teig mit den Händen kleine Kugeln formen und diese flachdrücken. In einer Pfanne die Butter auf mittlerer Hitze erwärmen und die Küchlein darin unter mehrmaligem Wenden ausbacken.

Den Bärlauch waschen und in feine Streifen schneiden. Mit dem Joghurt, Salz, Pfeffer, Zitronensaft und Zucker vermengen oder alles zusammen mit einem Pürierstab pürieren. Mit den Küchlein servieren.

# Paprika*gemüse*

**FÜR 1 PERSON**

1 Paprikaschote
1–2 Zwiebeln
2–3 EL Olivenöl
1 Knoblauchzehe
Oregano
1 Zweig Rosmarin
Salz, Pfeffer
1–2 TL gehackte Petersilie

Die Zwiebel schälen und in grobe Würfel schneiden. Die Paprika waschen und den Stiel und die inneren Kerne entfernen. Ebenso wie die Zwiebeln grob würfeln.

In einer Pfanne oder einem Topf das Öl erhitzen. Paprika, Knoblauch, Zwiebel und Kräuter darin anbraten. Danach die Temperatur reduzieren und mit Salz und Pfeffer abschmecken.

Das Gemüse bissfest garen. Die gehackte Petersilie vor dem Servieren über das Paprikagemüse streuen.

# Knöterich*kompott*

**FÜR 4 PERSONEN**

100 ml Apfelsaft
150 g Birnendicksaft
300 g Knöterich

**Man sammelt** die ganz jungen, noch glänzenden Sprossen, solange sie noch fast keine Blätter tragen. In diesem Stadium sind sie sehr zart und haben, ganz kurz gekocht, eine fast cremige Konsistenz. Sie eignen sich ebenso geschnitten als Gemüse oder für Kuchen, können aber auch roh gegessen werden. Die Sprossen haben einen säuerlichen Geschmack, feiner als Rhabarber. Sie passen zu salzigen wie zu süßen Gerichten.

Den Apfelsaft mit dem Birnendicksaft in einem weiten Topf zum Kochen bringen.

Den Knöterich in 3 mm dünne Ringe schneiden und in die Flüssigkeit geben. Etwa 1 Minute aufkochen, dann im Sud auskühlen lassen oder noch heiß in luftdicht verschließbare Gläser abfüllen.

Der säuerliche Geschmack dieses Kompotts passt gut zu Cremes, Eiscreme und Mousse.

# Chili *sin carne*

**FÜR 4 PERSONEN**

2 Zwiebeln
300 g Suppengrün
2 entkernte Chilischoten
oder getrocknete Chili
(Chilipaste)
2 Knoblauchzehen
3 EL Öl
1/2 l Gemüse- oder
Fleischbrühe
1 Dose Kidneybohnen
1 große Dose geschälte
Tomaten
Salz
1 TL Kreuzkümmel
1 TL Koriander
1 TL Paprikapulver
je 1 Zweig Rosmarin und
Majoran
200 g Feta

Die Zwiebeln schälen und fein würfeln. Das Suppengrün putzen und ebenfalls klein schneiden. Die Chilischoten entkernen und in feine Streifen schneiden. Den Knoblauch schälen und durchpressen.

Das Suppengrün, die Zwiebeln, die Chilischoten und den Knoblauch in einem Topf mit heißem Öl anschwitzen lassen und mit der Brühe ablöschen.

Die Bohnen abtropfen lassen und mit den Tomaten und den restlichen Gewürzen hinzufügen. Im offenen Topf bei kleiner Hitze ca. 40 Minuten köcheln lassen.

Kurz vor Garzeitende die abgezupften Kräuterblätter beigeben. Vor dem Servieren den Feta zerbröckeln und darüberstreuen. Dazu passt Fladenbrot oder Reis.

Zeit für *Schnitzel*!
Kostbares *Fleisch*
genießen!

# Fleisch*basics*

**FRISCHES RINDFLEISCH** hat ein kräftiges Rot, das Fett muss weiß sein. Altes Fleisch ist gräulich. Bei Gulasch und Hackfleisch sollte der Fettanteil nicht über 20 % liegen – es ist sonst von minderer Qualität.

**TIEFGEFRORENES FLEISCH** muss nach dem Auftauen sehr schnell verarbeitet werden, den beim Auftauen austretenden Saft wegschütten. Ohne gekocht oder gebraten zu sein, kann es nicht erneut eingefroren werden.

**ZUR BEURTEILUNG DER FLEISCHPREISE** sind folgende Abkürzungen wichtig:

w. gew. = wie gewachsen, d.h. mit Knochen, Speck und Schwarte

o. Kn. = ohne Knochen

**GESCHNETZELTES** sind kleine dünne Fleischstreifen, die sich zum Kurzbraten eignen.

**FLEISCH** wird zarter, wenn es 1 Tag in eine Marinade gelegt wird.

**ROHES GEFLÜGEL** sollte in Behältern aufbewahrt werden, die heiß abgewaschen werden können, um Keimbildung und Salmonellen zu verhindern. Nach dem Verarbeiten Arbeitsstelle und Hände mit warmem Wasser und etwas Spülmittel gründlich reinigen.

# Fisch*basics*

**FISCH** ist ein hochwertiges Lebensmittel. Er enthält große Mengen Eiweiß, wichtige Vitamine und ist Hauptlieferant für Jod. Außerdem ist er leicht verdaulich.

Da Frischfisch leicht verderblich ist, sollte man ihn schon nach 1 Tag weiterverarbeiten. Fisch, der riecht, ist nicht mehr genießbar. Frischen Fisch wie Forellen erkennt man an seinen kräftig roten Kiemen.

# Grill*basics*

**KOHLE BZW. HOLZ** gut durchglühen lassen.

**DAS GRILLGUT,** vor allem eingelegtes Fleisch, gut abtupfen, damit keine Tropfen auf die glühenden Kohlen fallen. Dadurch kann das giftige Benzpyren entstehen.

Dünnes Grillgut nahe an der Glut grillen, dickeres dort nur kurz anbraten und zum Fertiggaren etwas entfernt vom Glutzentrum legen.

# Mindest*haltbarkeit*

**DAS MINDESTHALTBARKEITSDATUM** auf Umverpackungen gibt an, bis zu welchem Zeitraum die verpackten Lebensmittel bei geeigneter Lagerung (z. B. Kühlprodukte im Kühlschrank) ihre wesentlichen Eigenschaften (Geruch, Geschmack und Farbe) behalten. Das Lebensmittel ist nach Ablauf des Mindesthaltbarkeitsdatums noch problemlos genießbar und darf auch noch in den Geschäften verkauft werden (meist stark preisreduziert). Vor dem Verzehr sollte man jedoch genau prüfen, ob sich Farbe, Geruch und Aussehen nicht verändert haben.
**ANDERS IST ES BEIM VERBRAUCHSDATUM** mit Lagerhinweis für leicht verderbliche Lebensmittel. Es ist an der Verpackungsaufschrift „verbrauchen bis … lagern bei … °C" erkennbar. Dieses Datum und die empfohlene Kühltemperatur sollten unbedingt eingehalten werden. Der Verzehr nach Ablauf des Verbrauchsdatums dieser so gekennzeichneten Lebensmittel wie z. B. Hackfleisch kann zu gesundheitlicher Gefährdung führen.

# Garen

**BEIM BRATEN** in der Pfanne wird das Gargut im eigenen Fett (ohne Fettzugabe) oder mit wenig Fett gegart und gebräunt. Zum Beispiel werden kleinere Fleischstücke, Fisch, Kartoffeln und Eier in der Pfanne gebraten. Verwendet man eine beschichtete Pfanne, wird kein Fett benötigt.
**BEIM SCHMOREN** wird das Fleisch und/oder das Gemüse erst angebraten und dann mit Flüssigkeit (z. B. Brühe, Wasser oder Wein) abgelöscht, d. h. übergossen. Das Fleisch bzw. Gemüse wird dann in der köchelnden Flüssigkeit bei niedriger Temperatur über einen längeren Zeitraum fertig gegart. Durch Schmoren werden auch zähe Fleischstücke bei entsprechend langer Gardauer weich.

# Hackfleisch

**HACKFLEISCH** sollte am besten frisch vom Metzger gekauft werden.
Das abgepackte Hackfleisch der Discounter hat je nach Marke einen unterschiedlichen Preis, kommt aber zumeist aus der gleichen Produktion. Es unterscheidet sich neben dem Preis im Fettgehalt von einander.
**ACHTUNG** Unbedingt auf das Verbrauchsdatum achten! Bei mit Schutzgas verpacktem Hackfleisch sollten vom Kauftag an 3 Tage Zeit bis zum Verbrauchsdatum sein. Frisches Hackfleisch sollte am gleichen Tag verzehrt werden. Das Fleisch muss rot sein, von grauem oder blassem Hackfleisch die Finger lassen!

# Hackfleischsoße

**FÜR 4 PERSONEN**
1 Zwiebel
1 Lauch
2 Karotten
1/2 mittelgroße Petersilienwurzel
1/2 Zucchini
400–500 g Rinderhackfleisch
2–3 EL Olivenöl
1 große Dose geschälte Tomaten
2–3 EL Tomatenmark
1 Handvoll Petersilie
1 TL Oregano
1 Zweig Rosmarin
1 Lorbeerblatt
4–5 Wacholderbeeren
1 Brühwürfel
Salz, Pfeffer

**Die Soße passt gut** zu Nudeln und schmeckt auch in einer Lasagne oder einem Kartoffelauflauf.

Das Gemüse putzen und in kleine Würfel schneiden.

In einem hohen Topf 2 bis 3 EL Olivenöl (der Boden soll mit Öl gleichmäßig bedeckt sein) heiß werden lassen, das Hackfleisch zugeben und durchbraten. Dabei zerkleinern, damit alles angebraten ist. Ständig umrühren, sonst brennt es an.

Die Hitze reduzieren und das klein gehackte Gemüse hinzufügen, kurz mit braten und mit 1/2 l Wasser ablöschen. Mit Salz und Pfeffer würzen.

Das Lorbeerblatt, die Wacholderbeeren und Kräuter, sowie die Tomaten und das Tomatenmark zugeben und auf kleiner Flamme mit halb geschlossenem Deckel (Kochlöffel am Topfrand querlegen) ca. 1 Stunde einkochen.

Um übrige Soße Portionsweise einzufrieren, nimmt man ein hohes Gefäß und stellt eine Gefriertüte hinein. Dann füllt man eine gute Schöpfkelle Soße in die Tüte ein und lässt sie abkühlen. Anschließend gut verschließen und einfrieren.

# Pflanzerl, *Hackbällchen*

### FÜR 4 PERSONEN

- 1 Semmel vom Vortag oder 2 Scheiben Weiß-/Toastbrot
- 100 ml Milch
- 1 Zwiebel
- 400–500 g Hackfleisch
- 1 Ei
- 2–3 EL Öl oder Butterschmalz
- 1 Handvoll Petersilie
- 1 TL Majoran
- Salz, Pfeffer

Die Semmel zerbröseln oder klein schneiden und in Milch einweichen. Mit der Hand ausdrücken und die überflüssige Milch abschütten.

Die Zwiebel schälen und klein würfeln, die Kräuter klein hacken. Hackfleisch, Zwiebel, Kräuter und Ei dazugeben und mit der Hand durchkneten. Mit Salz und Pfeffer würzen.

Aus der Hackmasse kleine Bällchen formen und diese zu Pflanzerl flachdrücken.

Eine Pfanne erhitzen und den Boden mit Öl bedecken. Die Pflanzerl bei mittlerer Hitze ausbraten, sonst brennen die Pflanzerl an. Am besten den Deckel auflegen, damit es nicht so spritzt.

Die Pflanzerl vorsichtig anheben und prüfen, ob sie braun sind, dann wenden. Nach ca. 15 bis 20 Minuten sind sie fertig.

Aus der Pfanne nehmen und auf Küchenkrepp abtropfen lassen. Nach Geschmack etwas Brühe oder Sahne in die Pfanne gießen, die Temperatur wieder erhöhen und solange einkochen lassen, bis es eine sämige Soße ergibt. Dazu passen Salzkartoffeln und Gemüse oder Salat.

Die Reste kann man auch kalt essen.

# Kraut*wickerl*

**FÜR 4 PERSONEN**

10–12 große Krautblätter
(Weißkraut oder Wirsing)
200 g Hackfleisch
2–3 Semmeln
1 Ei
100 ml Milch
1 Zwiebel
insgesamt 1–2 EL Petersi-
lie, Thymian, Majoran
Salz, Pfeffer
2 EL Butter oder Öl
1 Dose gehackte Tomaten
1 Knoblauchzehe

Die äußeren Blätter vom Krautkopf entfernen, die Rippen und den Strunk flach schneiden und die Blätter in sprudelndem Salzwasser halbweich kochen. In einem Sieb abgießen und mit kaltem Wasser abschrecken.

In der Zwischenzeit für die Füllung die Semmeln in der Milch einweichen. Die Kräuter klein schneiden.

Dann die Semmeln ausdrücken und mit dem Hack-fleisch, den Gewürzen, dem Ei und den Kräutern zu einem Teig verkneten.

Die abgeschreckten Blätter auslegen, den Teig gleichmäßig auf den Blättern verteilen und diese um den Teig wickeln.

Die Wickel mit Küchengarn fest verschnüren. In der Pfanne das Fett erhitzen und die Wickel ausbacken.

Die Tomaten und den Knoblauch zugeben und mit Salz und Pfeffer nachwürzen, etwa 15 Minuten köcheln lassen.

Dazu passen Salzkartoffeln.

**Variante** Alternativ kann man die Krautwickel auch im Ofen bei 175 °C etwa 40 Minuten garen lassen.

# Chili con *carne*

**FÜR 4 PERSONEN**

500 g Hackfleisch
1 Zwiebel
3 EL Öl
1/2 l Gemüse- oder
Fleischbrühe
1 Dose Mais
1 Dose Kidney Bohnen
1 große Dose geschälte
Tomaten
300 g Kartoffeln
2 Knoblauchzehen
Salz
2 Chilischoten oder ge-
trocknete Chili (Chilipaste)

Die Zwiebel schälen und fein hacken. Die Kartoffeln schälen und in Würfel schneiden.

Die Chilischoten der Länge nach halbieren und entkernen, dann in feine Streifen schneiden. Die Knoblauchzehen schälen.

Das Hackfleisch mit den Zwiebeln in einem größeren Topf in heißem Öl anbraten, dabei das Hackfleisch zerkrümeln.

Mit der Brühe aufgießen und die Tomaten mit Saft dazugeben. Die Bohnen und den Mais abgießen und mit den Knoblauchzehen und den klein geschnittenen Chilischoten ebenfalls dazugeben.

Ohne Deckel bei kleiner Hitze ca. 40 Minuten köcheln lassen. Mit Salz abschmecken und nach Geschmack mit Chili nachwürzen.

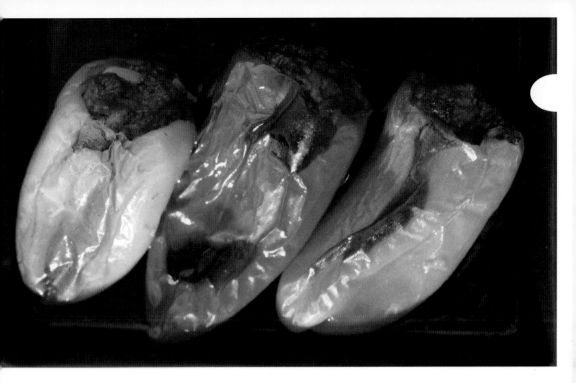

# Gefüllte *Paprikaschote*

**FÜR 1 PERSON**

1 Paprikaschote
100 g Hackfleisch
Salz, Pfeffer
Oregano, Petersilie
1 Ei
1 Scheibe Weißbrot oder
Toast
1–2 EL Milch
1 EL Butter

Die Paprika waschen, den Deckel abschneiden und die Kerne und weißen Häute entfernen. Das Brot in der Milch einweichen.

Den Ofen auf 180 °C vorheizen. Das Hackfleisch mit den Gewürzen vermengen. Das Brot ausdrücken und mit dem Ei zugeben, alles zu einer Masse verkneten.

Die Paprikaschote mit der Masse füllen und mit dem Deckel verschließen. Eine feuerfeste Form mit Butter ausfetten und die Schote hineinsetzen. Im vorgeheizten Ofen ca. 30 bis 45 Minuten garen lassen.

Dazu passen Tomatensugo (s. S. 53) und Reis.

# Hack*braten*

**FÜR 4 PERSONEN**
400 g Hackfleisch
2 Eier
800 g Karotten, Zucchini,
Petersilienwurzel
Salz, Pfeffer
1/4 l Gemüsebrühe
Petersilie, Oregano, Ros-
marin, Thymian
2 EL Butter

Das Gemüse schälen, vierteln und in kleine Scheiben schneiden. In einer Schüssel mit dem Hackfleisch, der Brühe, den Eiern, den Gewürzen und Kräutern vermengen.

Den Ofen auf 175 °C vorheizen. Eine Auflaufform oder eine Backreine mit etwas Butter ausfetten und darin den Teig zu einem ca. 5 cm hohen „Laib" formen.

Die Butter in Flocken auf den Hackfleischteig legen und im vorgeheizten Ofen auf der unteren Schiene etwa 1 Stunde backen.

Dazu passen Brat- oder Salzkartoffeln und Salat.

# Gurken *mit Hack*

**FÜR 4 PERSONEN**
1 kg Schmorgurken oder
Salatgurken
2 Zwiebeln
500 g Hackfleisch
2 EL Öl
1/2 l Fleischbrühe
200 g Crème fraîche
1 EL Senf
1/2 Bund Dill oder 1 TL
getrockneter Dill
Salz, Pfeffer

Die Zwiebeln schälen und fein hacken. Die Gurken schälen, halbieren und in 1 cm dicke Streifen schneiden.

Die Zwiebeln mit dem Rinderhackfleisch in heißem Öl gut anbraten und dabei das Hackfleisch zerkrümeln. Die Gurkenscheiben dazugeben und mit der Brühe ablöschen. Ohne Deckel bei mittlerer Hitze ca. 20 Minuten garen.

Die Crème fraîche mit dem Senf und dem Dill vermischen und unter die Schmorgurken rühren. Mit Salz und Pfeffer abschmecken.

Dazu passen Salzkartoffeln.

# Exotische *Frikadellen*

**FÜR 4 PERSONEN**
- 1 Zwiebel
- 1 Knoblauchzehe
- 500 g Rinderhackfleisch
- 1 Ei
- 1/2 TL Sambal Oelek (Chilipaste)
- 1 große reife Mango
- 1 EL Butterschmalz
- 1 Stängel Koriander

Die Mango schälen und den Kern herausschneiden. Zwiebel und Knoblauch schälen und fein hacken.

Zwiebel und Knoblauch mit dem Hackfleisch, dem Ei und den Gewürzen vermengen und daraus flache Pflanzerl formen. In heißem Butterschmalz anbraten.

Die Mango in Spalten schneiden und kurz mit braten. Pfeffern und mit den Korianderblättern bestreuen. Dazu passt Kartoffelsalat (s. S. 21 und 22).

# Hamburger

**FÜR 6 STÜCK**
- 400 g Rinderhackfleisch
- 1 Ei
- 2 mittelgroße Tomaten
- 6 Blätter Endiviensalat/Eisbergsalat
- 2 Gewürzgurken
- 1 Zwiebel
- Ketchup
- Mayonnaise
- 6 Scheiben Schmelzkäse
- 6 Hamburger Brötchen
- etwas Öl

Ei mit Hackfleisch, Pfeffer und Salz vermengen. Die Masse in 6 Portionen teilen und daraus dünne große Pflanzerl formen.

Den Backofen auf 100 °C vorheizen und ein Backblech mit Backpapier auslegen. In einer Pfanne die Pflanzerl mit wenig Fett ausbraten. Dann mit Scheibenkäse belegen und im Ofen den Käse leicht schmelzen lassen.

In der Zwischenzeit die Hamburger Brötchen halbieren und in der Pfanne auf der Innenseite anrösten. Je eine der Hälften mit Ketchup und Mayonnaise bestreichen.

Die Gewürzgurken und die Tomaten in Scheiben schneiden. Die Zwiebel schälen und in Ringe schneiden. Die Salatblätter waschen.

Die unteren Brötchenhälften mit Salat, Hackfleischfladen, Tomate, Zwiebel und Gewürzgurke belegen. Zuletzt mit der oberen Hälfte abdecken.

# Wraps

**FÜR 2 PERSONEN**

1 Packung Wraps
1 Tomate
3–4 Blätter Eisbergsalat

**Für die Soße**

100 g saure Sahne oder
Schmand
1 Knoblauchzehe
Salz, Pfeffer
1 Msp. Chili- oder Paprikapulver

**Man kann den Wrap** auch mit der
Hackfleischsoße (s. S. 72) füllen.
Dabei sollte man aber darauf achten, dass nicht zu viel Flüssigkeit
im Wrap ist.

Wraps kann man mit allem füllen, was man zur
Hand hat: Gemüse, Fleisch, hart gekochte Eier oder
auch Rührei, Salat etc. Das Fleisch und/oder Gemüse dünn schneiden und kurz anbraten.

Die Tomate halbieren, den Strunk und die Kerne
entfernen und das Fruchtfleisch in kleine Würfel
schneiden. Den Eisbergsalat waschen und in Streifen
schneiden.

Den Knoblauch schälen und fein hacken. Mit der
sauren Sahne verrühren und mit Salz, Pfeffer und
Paprikapulver abschmecken.

Etwas Füllung in die Mitte eines Wraps verteilen
und etwas Soße darübergeben. Die Unterkante des
Wraps einschlagen und den Wrap fest einrollen.

# Hühner*spieße*

**FÜR 4 PERSONEN**

2 große Hühnerbrüste
50 g durchwachsener
Speck
1 Paprikaschote
1 Zwiebel
Salz, Pfeffer
2–3 EL Öl, z. B. Sesamöl
8 Schaschlikspieße aus
Holz oder Metall

Die Paprikaschote waschen, halbieren und entkernen. Die Zwiebel schälen.

Alle Zutaten in ca. 3 cm große Würfel schneiden,
würzen und abwechselnd auf die Spieße stecken.

Das Öl in einer Pfanne erwärmen und die Spieße
von allen Seiten gleichmäßig anbraten. Nach ca.
10 Minuten sind die Spieße fertig.

Wer ohne Öl braten möchte, kann auch eine Grill-
pfanne oder den Außengrill verwenden.

Dazu passen Curry- oder Erdnusssoße (s. S. 52) und
Reis.

# Zitronen*huhn*

### FÜR 4 PERSONEN

1 frisches küchenfertiges
Huhn mit ca. 1 kg
4 Knoblauchzehen
4 EL Olivenöl
Saft von 2 unbehandelten
Zitronen
Salz, Pfeffer

**Will man das Huhn** nicht ganz so
zitronig im Geschmack, gießt man
etwas von der Marinade ab und
verwendet stattdessen zum Braten
1/2 l Brühe.
Mit den Resten des Huhns kann
man eine Suppe oder einen Fond
kochen.

Das Huhn in mehrere Teile zerlegen, waschen,
salzen und pfeffern. Den Knoblauch schälen und in
Streifen schneiden. In einer Schüssel die Hühnerteile
mit dem Zitronensaft, dem Öl und Knoblauch vermengen und zugedeckt über Nacht im Kühlschrank
marinieren lassen.

Am nächsten Tag den Ofen auf 160 °C vorheizen.
Das Huhn in einer Reine samt Marinade ca. 90 Minuten goldgelb braten.

Dazu passen Salz- oder Bratkartoffeln (s. S. 44)und
Salat.

# Rosmarin*hähnchen*

### FÜR 4 PERSONEN

1 frisches küchenfertiges
Huhn mit ca. 1 kg
1 Zweig Rosmarin
1/2 Bund Lauchzwiebeln
2 Knoblauchzehen
1 EL Olivenöl
Saft von 2 unbehandelten
Zitronen
Salz, Pfeffer
1/2 l Brühe

Den Ofen auf 180 °C vorheizen. Das Huhn außen
und innen waschen, salzen und pfeffern. Einen Teil
des Rosmarins und der Lauchzwiebeln in das Huhn
füllen.

Das Huhn und die restlichen Zutaten in eine Reine
legen und im vorgeheizten Ofen ca. 90 Minuten,
zuerst auf der Bauchseite, dann auf dem Rücken
liegend knusprig braten. Dabei immer wieder mit
der Brühe bzw. dem Bratensaft begießen.

Dazu passen Kartoffeln und Salat.

# Schweine*braten*

**FÜR 4 PERSONEN**

1 kg Schweinebraten
(Schulter) mit Schwarte
2 EL Öl
1 Bund Suppengrün
1/4 l Fleisch- oder
Gemüsebrühe
Salz, Pfeffer
1 Lorbeerblatt
2 Stängel Petersilie
etwas Majoran
1/2 l dunkles Bier

**Die Reste** kann man gut einfrieren, aufwärmen oder z. B. zu Tiroler Gröstl oder Salat weiterverarbeiten.

Die Schwarte in Rautenform einschneiden. Das Bratenstück salzen und pfeffern. Das Gemüse putzen und in grobe Würfel schneiden. Den Ofen auf 160 °C vorheizen.

In einer Reine das Öl erhitzen und den Braten von allen Seiten, außer der Schwartenseite, anbraten.

Das Suppengrün mit den restlichen Gewürzen hinzugeben, umrühren und mit der Brühe und der Hälfte des Biers ablöschen.

Das Fleisch auf die Schwartenseite legen und im vorgeheizten Ofen 1 Stunde garen lassen.

Danach das Fleisch mit der Schwartenseite nach oben legen, nach Bedarf Bier und Brühe nachgießen und 1 weitere Stunde garen, dabei immer wieder die Schwarte mit dem Bratensaft oder dem Bier begießen.

Ist die Schwarte noch nicht knusprig, die Temperatur erhöhen und den Braten noch ca. 10 Minuten weitergaren.

Den Braten aus der Reine heben und das Gemüse durch ein Sieb in einen Topf passieren.

Die restliche Fleischbrühe dazugeben und aufkochen lassen, damit die Soße abbindet. Man kann auch mit etwas Sahne oder geschmacksneutralem Soßenbinder nachhelfen.

Dazu passen Salzkartoffeln oder Knödel, Blaukraut und Krautsalat (s. S. 14).

# Schnitzel *Wiener Art*

**FÜR 2 PERSONEN**
2 lange, dünne Schnitzel
à ca. 150 g vom Schwein,
Huhn/Pute oder Fisch
Salz, Pfeffer
3 EL Mehl
1 Ei
100 g Paniermehl
3 EL Öl oder Butterschmalz
1/2 Zitrone

**Dazu passen Bratkartoffeln** oder
Pommes frites und Salat.
**Unter das Paniermehl** kann man
auch fein geschnittene Petersilie
und geriebenen Hartkäse mengen.
**Ein Wiener Schnitzel** ist es nur
dann, wenn das Fleisch vom Kalb
kommt.

Die Schnitzel von beiden Seiten klopfen. Hat man
keinen Fleischklopfer, kann man auch einen Stiel-
topf oder ein anderes Gefäß nehmen.

Von beiden Seiten salzen und pfeffern und im Mehl
wenden. Das Ei in einem tiefen Teller schaumig rühren. Überschüssiges Mehl vom Schnitzel abklopfen
und die Schnitzel im Ei wenden.

Abtropfen lassen und auf einem separaten Teller
in dem Paniermehl wenden, bis das Ei komplett
aufgesogen ist.

Öl oder Butterschmalz in einer Pfanne erhitzen.
Lieber etwas mehr nehmen, damit das Schnitzel
schwimmen kann. Die Schnitzel goldgelb von beiden Seiten herausbraten.

Auf Küchenkrepp abtropfen lassen und vor dem
Servieren mit einem Zitronenviertel garnieren.

# *Variante* Cordon *bleu*

**ZUSÄTZLICH ZU DEN ZUTATEN
DES SCHNITZELS WIENER ART:**
2 Scheiben geräucherter
Schinken
2 Scheiben Käse (Emmen-
taler oder ein anderer
Schnittkäse)

Die mehlierten Schnitzel mit je einer Scheibe Schinken und Käse belegen und zusammenklappen. Mit
Zahnstochern fixieren.

Das Cordon bleu in Ei und anschließend in Paniermehl wenden. Dann in reichlich Öl braten.

Die Temperatur beim Braten etwas reduzieren, da
die Masse größer und das Cordon bleu dicker ist als
das Schnitzel. Es braucht etwas länger zum Garen.

# Leberkäs-*Burger*

**FÜR 2 PERSONEN**

2 Zwiebeln
100 ml Öl
2 gehäufte EL Mehl
1 Scheibe Leberkäse
(ca. 250 g)
2 Laugensemmeln
2 EL süßer Senf
100 g Krautsalat (s. S. 14)
Majoran

**Der Klassiker** ist der abgebräunte
Leberkäse mit Bratkartoffeln und
Spiegelei.
**Kalten Leberkäs** kann man auch
zu Wurstsalat (s. S. 16) verarbeiten.

Die Zwiebeln schälen und in Ringe schneiden. Die
Zwiebelringe im Mehl wenden und in heißem Öl
ausbacken, bis sie goldbraun sind. Aus dem Öl nehmen und auf Küchenkrepp abtropfen lassen.

Den Leberkäse in einer leicht gefetteten Pfanne von
beiden Seiten 3 bis 4 Minuten anbraten.

Den Leberkäse diagonal halbieren. Die Laugensemmeln aufschneiden, die Deckel innen mit dem Senf
bestreichen.

Die Unterseiten mit dem Leberkäse, dem Majoran
und dem Krautsalat belegen und den Deckel aufset-
zen. Mit den Zwiebelringen servieren.

# *Verrückter* Döner

**FÜR 4 PERSONEN**

1 Fladenbrot (Pide)
400 g Leberkäse
200 g Mascarpone
3 EL Balsamico
1 EL Öl
1 Knoblauchzehe
Gewürzmischung für Steak
Salz
6 frische Basilikumblätter
Thymian, Rosmarin
1 TL Zucker
1 TL Butterschmalz

Den Knoblauch schälen und durch die Presse drücken. Die Kräuter fein hacken und mit Balsamico,
Knoblauch, Öl, Zucker und Mascarpone verrühren.

Den Ofen auf 200 °C vorheizen. Den Leberkäse
in dünne Streifen schneiden und mit dem Butterschmalz und dem Steakgewürz scharf anbraten.

Das Fladenbrot im vorgeheizten Ofen 3 Minuten
aufbacken, halbieren und mit den Zutaten füllen.

# Rouladen

## FÜR 4 PERSONEN

1 Bund Suppengrün
1–2 Zwiebeln
1 Knoblauchzehe
4 Rinderrouladen
Salz, Pfeffer
mittelscharfer Senf
4 Scheiben Bauchspeck
4 Gewürzgurken
3 EL Öl oder Butterschmalz
1 Lorbeerblatt
10 Wacholderbeeren
1/2 l Brühe
250 g Sahne nach Geschmack

**Dazu passen Spätzle** und Salat oder Kartoffelknödel und Blaukraut.
**Die Rouladen** kann man gut einfrieren.

Die Karotten und die Sellerieknolle aus dem Suppengrün schälen und würfeln. Den Lauch putzen und in Ringe schneiden.

Die Zwiebeln schälen und grob würfeln. Den Knoblauch schälen und in Scheiben schneiden.

Die Rouladen auslegen und mit einem Küchenkrepp trocken tupfen. Beidseitig salzen und pfeffern und eine Seite mit Senf bestreichen.

Die Gewürzgurken längs in dünne Scheiben schneiden. Den Bauchspeck und die Gewürzgurken auf dem Senf verteilen und die Roulade einrollen. Zum Fixieren der Roulade Küchengarn oder Zahnstocher benutzen.

In einem Topf das Fett erhitzen und die Rouladen von allen Seiten anbraten. Gemüse, Zwiebeln und Knoblauch zugeben und kurz mitrösten. Dann das Lorbeerblatt und die Wacholderbeeren zufügen.

Die Temperatur stark reduzieren und mit Brühe so weit aufgießen, dass die Rouladen zur Hälfte bedeckt sind. Gut 90 Minuten schmoren lassen und die Rouladen dabei immer wieder umdrehen.

Die Rouladen vorsichtig herausheben. Die Soße durch ein Sieb passieren und zu den Rouladen servieren.

**Variante** Wer mag, kann die Soße noch mit der Sahne aufgießen, aufkochen und eindicken lassen. Gegen Ende die Rouladen dann wieder einlegen und warm ziehen lassen.

# Immer diese *Eintöpfe*! Herrlich!

# Alles in einen *Topf*

EINTÖPFE galten früher als „Arme-Leute-Essen" oder „Oma-Suppe", heute sind sie fast vergessen oder gerade deswegen schon wieder in.
Alles, was an Gemüse da ist, ins Wasser geben und kochen, bis es weich ist, Brühe, Salz, Pfeffer, Petersilie dazu – fertig. Ergänzen kann man das Ganze mit einem Stück Suppenfleisch, mit Nudeln, Reis oder Kartoffeln. Bei Kohlgerichten etwas Kümmel oder Fenchelsamen zugeben, dann ist der Eintopf leichter verdaulich.

# Wirsing*eintopf*

**FÜR 4 PERSONEN**

1 Wirsingkopf
1 kg durchwachsenes
Rindfleisch
1 Zwiebel
1/4 Sellerieknolle
1 Petersilienwurzel
2 große Karotten
Salz, Pfeffer
evtl. 2–3 Kartoffeln

**Wirsing** ist geschmacklich feiner als Weißkohl und sieht auch nach dem Kochen besser aus.

Den Wirsing vierteln und die Außenblätter sowie den Strunk entfernen. Dann die Viertel in grobe Streifen schneiden und in heißem Wasser blanchieren. Anschließend abgießen und beiseite stellen.

Das Gemüse schälen und in grobe Stücke schneiden. Mit dem Fleisch und dem Wirsing in einen großen Topf geben und mit 1 l Wasser aufgießen.

Alles zum Kochen bringen und ca. 1 Stunde langsam bei mittlerer Hitze kochen lassen, bis der Wirsing die Fleischbrühe fast aufgesogen hat. Wer mag, fügt noch geschälte und gewürfelte Kartoffeln hinzu und lässt sie weitere 30 Minuten mitköcheln.

Wenn das Fleisch weich ist, herausnehmen und in kleine Stücke schneiden. Mit dem Gemüse servieren.

**Für die vegetarische Variante** kann man die scharfe Wurst weglassen und statt Maronen Walnüsse beifügen.

# Verschärfter *Wirsing*

## FÜR 2 PERSONEN

2 Knoblauchzehen
150 g Chorizo (oder eine andere würzige feste Hart-wurst)
1 EL Olivenöl
1 kleine Zwiebel
1 halber Wirsingkopf
100 ml Weißwein
100 g geschälte und ge-kochte Maronen (Dose)
Saft von 1/2 Zitrone
Salz, Pfeffer

Den Knoblauch und die Zwiebel schälen und fein hacken. Den Wirsing vierteln, den Strunk entfernen und die Blätter in feine Streifen schneiden.

Die Chorizo in 1 cm große Würfel schneiden und mit dem Knoblauch in Olivenöl in einer Pfanne so lange dünsten, bis der Knoblauch Farbe angenommen hat.

Dann die Zwiebel hinzufügen und weitere 5 Minuten mitdünsten. Den Wirsing zugeben und alles mit dem Wein ablöschen. Zugedeckt bei mittlerer Hitze 15 Minuten garen lassen.

Zum Schluss die Maronen zufügen und mit den restlichen Zutaten abschmecken.

# Tafel*spitz*

**FÜR 4 PERSONEN**

750 g Tafelspitz/Bürger-
meisterstück/Tellerfleisch
evtl. einige Kalbsknochen
1 Bund Suppengrün
1 EL Öl
Salz, Pfeffer
1 Brühwürfel oder 1 EL
Gemüsebrühe

**Die Fleischbrühe** bzw. den Fond
kann man auch ohne das Fleisch
weiterverwenden bzw. aufgießen
und verlängern.

Das Suppengrün putzen und grob würfeln. Das Fleisch salzen und pfeffern.

In einem hohen Topf das Öl erhitzen und das Fleisch von allen Seiten anbraten. Mit 2 l warmem Wasser ablöschen, den Brühwürfel und das grob geschnittene Suppengrün hinzugeben.

Alles aufkochen lassen und dann zugedeckt bei kleiner Hitze ca. 90 Minuten köcheln lassen.

**Varianten** Das fertig gekochte Fleisch aus der Suppe heben, in Scheiben schneiden und mit Salzkartoffeln, in der Suppe gedämpftem Gemüse und geriebenem Meerrettich, je nach Geschmack mit Sahne vermischt, servieren.

Oder das Fleisch in Würfel schneiden und als Fleischsuppe mit Kartoffeln anrichten. Die Kartoffeln kann man auch in grobe Würfel schneiden und ca. 20 Minuten vor Ende der Garzeit mit in der Suppe garen.

# Hühner*frikassee*

**FÜR 2 PERSONEN**
1 Hühnerbrust oder die gekochten Fleischreste der Hühnersuppe
100 g frische Pilze, z. B. Egerlinge, Champignons
1 Zwiebel
100 ml klare Hühnersuppe oder Brühe
100 g Erbsen (frisch oder TK)
1 Eigelb
100 g Sahne
1 TL gehackte Petersilie
Salz, Pfeffer

Die Zwiebel schälen und klein schneiden. Die Pilze putzen und in Scheiben schneiden. Das Hühnerfleisch ebenfalls klein schneiden.

Zwiebel und Pilze in einer hochrandigen Pfanne anbraten. Wird frisches Hühnerfleisch verwendet, dieses mit anbraten.

Dann mit der Brühe ablöschen und 10 Minuten mit den Erbsen dünsten. Verwendet man bereits gekochtes Hühnerfleisch, kommt es zusammen mit den Erbsen in das Frikassee.

Sobald die Erbsen weich sind, das Eigelb mit der Sahne verquirlen und zum Ragout geben. Aufkochen lassen und 5 Minuten weiterkochen, damit Eigelb und Sahne die Soße binden können.

Mit Salz und Pfeffer abschmecken und mit der Petersilie bestreuen. Dazu passt Reis.

### Variante Züricher Geschnetzeltes
Für Züricher Geschnetzeltes verwendet man eigentlich Kalbfleisch aus der Nuss, es lässt sich aber auch mit Rindersteak, Huhn oder Pute zubereiten. Man kocht es wie Hühnerfrikassee, allerdings ohne Erbsen.
Statt mit Brühe wird mit Weißwein abgelöscht, den man etwas reduzieren lässt, bevor man die Soße mit der Sahne erneut aufkochen lässt.
Abgeschmeckt wird es mit Salz, Pfeffer und etwas abgeriebener Zitronenschale.
Vor dem Servieren streut man gehackte Petersilie darüber und reicht Bandnudeln, Tagliatelle oder ein Kartoffelrösti dazu.

# Suppe mit *Birnen & Speck*

**FÜR 4 PERSONEN**

500 g festkochende
Kartoffeln
500 g Bohnen (auch TK)
8 Scheiben Bauch- oder
Räucherspeck (Wammerl)
3 Birnen
Salz, Pfeffer
1 Brühwürfel
2 EL Mehl

Die Bohnen waschen und die Enden abschneiden. Die Kartoffeln schälen, in Würfel schneiden und zusammen mit den geputzten Bohnen in einen Topf geben.

Mit 1 l Wasser aufgießen und den Brühwürfel zufügen. Darauf die Speckscheiben legen und alles bei mittlerer Hitze 20 Minuten kochen lassen.

Das Mehl mit etwas Flüssigkeit aus dem Topf in einer Tasse zu einem glatten Brei verrühren und diesen in die Suppe einrühren, ohne dass sich Klumpen bilden. Salzen und pfeffern.

Die Birnen schälen, entkernen und vierteln. Die Viertel auf die Suppe legen und so lange ziehen lassen, bis sie halbfest sind.

# Gelbe-Rüben-*Gulasch*

**FÜR 4 PERSONEN**

500 g Schweinenacken
2–3 Zwiebeln
500 g Karotten
in einem Teebeutel: Pfefferkörner, 1 Lorbeerblatt,
2–3 Nelken, 1 TL Kümmel,
1/2 TL Senfkörner, 1/2 TL
Koriander
Salz, Paprikapulver
2 EL Tomatenmark
2 EL Öl
1 EL Gemüse- oder Fleischbrühe bzw. 1 Brühwürfel
nach Geschmack 1 Flasche
dunkles Bier

Die Zwiebeln schälen und klein schneiden. Die Karotten schälen und grob in Scheiben schneiden. Den Teebeutel mit Küchengarn zubinden.

Das Fleisch würfeln, in heißem Öl anbraten und herausnehmen. Nun die Zwiebeln und etwas später die Karotten hinzugeben und andünsten.

Mit 1/2 l Wasser ablöschen, den Gewürzbeutel, Salz, Pfeffer, Paprikapulver und das Tomatenmark hinzufügen und umrühren. Das Fleisch ebenfalls wieder zufügen.

Alles aufkochen lassen und 45 Minuten auf mittlerer Hitze köcheln lassen, bis Gemüse und Fleisch weich sind. Dazu passen Semmeln oder Baguettebrot.

# Kürbis*eintopf*

**FÜR 4 PERSONEN**

**Für den Eintopf**

600 g Kürbis, z. B. Muskat
400 g Hähnchenbrustfilet
Salz, Pfeffer
1/2 TL Paprikapulver
2 Tomaten
1 Zwiebel
1 Knoblauchzehe
2–3 EL Pflanzenöl
1/2 TL geriebener Ingwer
100 ml Gemüsebrühe
400 g passierte Tomaten
Chilipulver
1/4 TL Kreuzkümmel
1 Prise Zucker
2 Handvoll Babyspinat

**Für das Couscous**

250 g Instant-Couscous
100 g getrocknete
Aprikosen
je 2–3 Stängel Koriander
und Petersilie
Salz, Pfeffer

Den Kürbis schälen, von Kernen und Fäden befreien und würfeln. Das Fleisch klein schneiden und mit Salz, Pfeffer und Paprikapulver würzen.

Die Tomaten waschen, die Stielansätze entfernen und das Fruchtfleisch würfeln. Die Zwiebel und den Knoblauch schälen und fein hacken.

Das Hähnchenfleisch in einem Topf in heißem Öl rundherum anbraten. Herausnehmen, Zwiebel, Knoblauch und Ingwer anschwitzen. Den Kürbis zufügen und 1 bis 2 Minuten mitbraten.

Mit der Brühe und den passierten Tomaten ablöschen. Die Tomaten zugeben, mit Salz, Chilipulver, Kreuzkümmel sowie Zucker würzen und 15 Minuten köcheln lassen. Das Fleisch ca. 5 Minuten vor Ende der Garzeit wieder zum Eintopf geben.

Den Couscous nach Packungsanweisung zubereiten. Die Aprikosen würfeln. Die Kräuter waschen, trocken schütteln und grob hacken.

Die Aprikosen und die Kräuter unter den Couscous mischen und mit Salz und Pfeffer abschmecken.

Den Spinat waschen, trocken schütteln und kurz vor dem Servieren unter den Eintopf heben. Nochmals abschmecken und mit dem Couscous servieren.

# Hauptsache *Reis!*
# Hauptsache *Nudeln!*

# *Reis* kochen

FÜR REISSORTEN wie Parboiled Reis oder Basmatireis gilt als Faustregel für 2 Personen: 1 normale Kaffeetasse Reis und 2 Kaffeetassen Wasser.
Beides zusammen mit etwas Salz aufkochen, dann bei geschlossenem oder leicht gekipptem Deckel auf kleiner Hitze das Wasser komplett verkochen lassen, das spart Energie. Wenn der Reis noch nicht fertig ist, etwas Wasser nachgießen.

REIS kann man mit Tomatenmark färben und aromatisieren. Das Tomatenmark kann man entweder mitkochen oder am Ende untermischen. Kocht man Gelbwurz mit, färbt sich der Reis gelb. Aber nur wenig Gelbwurz-Pulver verwenden, da der Reis sonst bitter schmeckt.

EIN RISOTTO kann man mit sehr vielen Zutaten verfeinern und kombinieren, aber es benötigt dauerhafte Aufmerksamkeit, da man die Flüssigkeit nur nach und nach zugibt und dabei ständig rühren muss.

# Grundrezept *Risotto*

**FÜR 2 PERSONEN**
1 Tasse Risotto-Reis
2 EL Olivenöl
1 (rote) Zwiebel
1/2 l warme Gemüse- oder Fleischbrühe
Salz, Pfeffer

Risotto eignet sich als Beilage oder Hauptgericht.

Zum Verfeinern kann man unter das Risotto vor dem Servieren noch 1 TL Butter oder etwas Sahne rühren.

Die Zwiebel schälen, klein würfeln und in einem Topf mit dem Öl anbraten. Den Reis hinzugeben und kurz mitrösten.

Dann mit einem Teil der warmen Brühe ablöschen und die Temperatur deutlich reduzieren.

Im offenen Topf unter ständigem Rühren garen, bis die Brühe verkocht ist und der Reis am Boden anzukleben beginnt. Dann erneut etwas Brühe nachgießen und weiter rühren.

Diesen Vorgang wiederholen, bis das Risotto sämig und der Reis noch gut bissfest ist. Die Stärke der Bissfestigkeit ist Geschmackssache und hängt auch mit der verwendeten Risotto-Reisart zusammen.

Vor dem Servieren mit Salz und Pfeffer abschmecken und mit geriebenem Käse bestreuen.

# Pilz*risotto*

**FÜR 2 PERSONEN**

1 Zwiebel
2 EL Butter oder Olivenöl
(je nach Belieben)
200 g Pilze, z. B. Egerlinge,
Mischpilze
1 Handvoll Kräuter, z. B.
Petersilie, Rosmarin, Oregano

**Getrocknete Pilze** werden mit
etwas Wasser weich gekocht und
dem Risotto kurz vor Ende der Garzeit samt Kochwasser zugefügt.

Die Zwiebel schälen und klein schneiden. Die Pilze putzen und in Scheiben schneiden. Die Kräuter waschen, trocken schleudern und hacken.

Die Butter bzw. das Öl in einer Pfanne auf mittlerer Temperatur erhitzen und die Zwiebelstücke zusammen mit den Pilzen darin dünsten.

Die Kräuter auf die Pilze streuen, je nach Geschmack salzen und pfeffern. Kurz vor Ende der Garzeit des Risottos unter den Reis rühren.

# Weitere *Varianten*

**KÜRBIS-RISOTTO:** Am besten eignet sich hierfür ein Muskatkürbis, da er bissfester ist. Den Kürbis schälen, entkernen und in gleichmäßige Würfel von ca. 2 x 2 cm schneiden. In einem Topf zugedeckt mit Wasser sehr bissfest kochen. Im letzten Viertel der Kochzeit des Risottos unter den Reis mischen und mit einem Teil der Kürbisbrühe aufgießen.

**RADICCHIO-RISOTTO:** Radicchio ist etwas bitter und färbt den Risotto leicht violett. Einen kleinen Kopf Radicchio in feine Streifen schneiden und mit dem Risotto mitdünsten.

**GEMÜSE-RISOTTO:** Gemüse nach Wahl und Geschmack in kleine Würfel schneiden und mit Öl und Kräutern andünsten. Bissfest zum Reis geben und alles noch etwas garen lassen.

**SPARGEL-RISOTTO:** Weißen Spargel schälen und die holzigen Enden abschneiden, grünen Spargel nur in der unteren Hälfte schälen. Den weißen Spargel in kochendem Wasser mit etwas Salz, Pfeffer, 1 TL Olivenöl und 1/2 TL Zucker bissfest garen. Den grünen Spargel in ca. 5 cm lange Stücke schneiden und in der Pfanne in Olivenöl anbraten, mit etwas Wasser ablöschen und fertig garen lassen. Kurz vor Ende der Garzeit unter das Risotto mischen. Man kann auch Spargelreste an Stelle von frischem Spargel verwenden.

# *Nudeln* kochen

PRO PERSON rechnet man 125 bis 150 g trockene Nudeln. Als Faustregel gilt etwa 1 l Wasser und 1/2 TL Salz pro 100 g Nudeln.

Einen ausreichend großen Topf mit der benötigten Wassermenge füllen und zum Kochen bringen. Dann das Salz dazugeben und die Temperatur auf mittlere Hitze reduzieren, da sonst das Wasser überkocht. Die Nudeln in das Wasser geben und umrühren, damit sie nicht zusammenkleben. Nach der auf der Packung angegebenen Kochzeit die Nudeln auf Bissfestigkeit testen. Sie sollten in der Mitte noch ein bisschen hart sein, da sie nach dem Abgießen noch nachgaren. Wenn die Nudeln fertig sind, in ein Sieb abgießen.

Verkleben die Nudeln im Sieb, kurz unter heißes Wasser halten, dann lösen sie sich wieder.

NUDELN kann man auch auf Vorrat kochen und am nächsten Tag z. B. für Schinkennudeln oder, in der Pfanne mit Butter angebraten, als Beilage verwenden.

# Spaghetti *Carbonara*

**FÜR 4 PERSONEN**

500 g Spaghetti
200 g Bauchspeck
1 EL Olivenöl
4 Eigelb
200 g Sahne
Salz, Pfeffer
geriebener Parmesan

Die Nudeln in Salzwasser nach Packungsanweisung garen. Wenn sie „al dente", d. h. in der Mitte noch bissfest sind, in ein Sieb abgießen.

In der Zwischenzeit den Bauchspeck würfeln und, in einer Pfanne mit etwas Olivenöl auslassen. Die Eigelbe mit der Sahne verquirlen und mit Salz und Pfeffer würzen.

Die fertigen Nudeln in der Pfanne mit dem Speck und der Ei-Sahne-Mischung vermengen. Bei mittlerer Hitze kurz weitergaren. Das Gericht ist fertig, wenn das Ei zu stocken beginnt und die Sahne noch leicht flüssig ist. Mit grobem Pfeffer und Parmesan bestreuen.

# Schinken*nudeln*

**FÜR 4 PERSONEN**

500 g Nudeln, z. B. Penne
rigate oder Spirelli, auch
vom Vortag
300 g gekochter Schinken
200 g Sahne
200 ml Milch
Salz, Pfeffer
200 g würziger Reibekäse,
z. B. Emmentaler
4 Eier
2 EL Butter

Den Ofen auf 200 °C vorheizen. Die Nudeln in
heißem Wasser vorkochen, bis sie noch sehr bissfest
sind. Den Schinken klein schneiden.

Eine Reine oder feuerfeste Form mit der Butter
einfetten und in dieser die Nudeln mit dem Koch-
schinken vermengen.

Die Eier mit der Sahne und der Milch verquirlen,
salzen, pfeffern und über die Nudeln gießen. Ab-
schließend mit dem Reibekäse bestreuen.

Im vorgeheizten Ofen ca. 30 Minuten backen, bis
der Käse eine goldbraune Kruste gebildet hat und
die flüssige Masse geronnen ist.

Dazu passt grüner Salat.

# Spaghetti *Aglio Olio*

**FÜR 4 PERSONEN**

500 g Spaghetti
2 Knoblauchzehen
1 frische Peperoni oder
getrocknete Peperoncini
2 El gehackte Petersilie
Salz
3 EL Olivenöl

Spaghetti Aglio Olio – das ein-
fachste Nudelgericht.

Je nach Geschmack kann man das
Gericht sehr „knoflig" und/oder
sehr scharf machen.

Den Knoblauch schälen und fein hacken. Von der
Peperoni den Stiel abschneiden und je nach Geschmack die Kerne entfernen, anschließend in feine
Streifen schneiden. Peperoncini ebenfalls klein
schneiden.

Die Nudeln in ausreichend Salzwasser bissfest
garen.

In einer Pfanne das Öl erwärmen und darin den
Knoblauch mit den Peperoni bzw. Peperoncini und
der Petersilie kurz anbraten. Vom Herd nehmen und
beiseite stellen.

Sobald die Nudeln fertig gekocht sind, abgießen
und in der Pfanne mit der Knoblauch-Öl-Mischung
vermengen.

# Penne *all'arrabbiata*

**FÜR 4 PERSONEN**

- 500 g Nudeln, z. B. Penne
- 100 g geräucherter Speck
- 1 Zwiebel
- 2 Knoblauchzehen
- 1 EL Olivenöl
- 1 rote Chilischote oder getrocknete Chili
- 1 Dose passierte oder gewürfelte Tomaten oder Sugo, siehe S. 53
- Salz
- 2 TL gehackte Petersilie
- 3 EL geriebener Parmesan

**Pasta all'arrabbiata** bedeutet so viel wie scharfe Nudeln.

Den Speck klein schneiden. Die Zwiebel schälen und in Spalten schneiden, den Knoblauch schälen und fein hacken. Die Chilischote in feine Streifen schneiden.

Die Nudeln in ausreichend Salzwasser bissfest garen. In der Zwischenzeit das Öl in einer Pfanne erhitzen und den Speck darin anbraten. Zwiebeln, Knoblauch sowie die Chilistreifen zufügen und mitbraten, bis die Zwiebeln glasig werden.

Mit 2 EL Nudelwasser ablöschen und die Tomaten zugeben. Auf mittlerer Hitze ca. 10 Minuten einkochen lassen. Kocht die Soße zu stark ein, noch etwas Nudelwasser zugeben. Die fertigen Nudeln abgießen und mit der Soße mischen.

Zum Servieren mit der Petersilie und geriebenem Parmesan bestreuen.

# Tortellini

TORTELLINI gibt es mit unterschiedlichen Füllungen wie Fleisch, Ricotta oder Gemüse. Die Tortellini sind ebenso wie Gnocchi fertig, sobald sie an der Oberfläche schwimmen. Wenn man sie bei mittlerer Hitze kocht, zerplatzen sie nicht.

### ... IN BRODO

Tortellini in Gemüse- oder Fleischbrühe erwärmen und im Teller mit geriebenem Parmesan bestreuen, damit dieser in der warmen Suppe schmilzt. Dieses Gericht kann man auch gut mit übrig gebliebenen Tortellini machen.

FÜR NUDELSALAT eignen sich kurze Nudeln am besten, auch Tortellini schmecken sehr gut. Das Wichtigste daran ist, dass die Nudeln al dente sind, wenn sie aus dem Wasser genommen und mit kaltem Wasser abgeschreckt werden, denn sie weichen noch nach. Anschließend gleich mit ein bisschen Olivenöl vermengen, damit sie nicht aneinander kleben. Die Soße erst vor dem Anrichten darüber geben, da die Nudeln sonst zu viel Feuchtigkeit aufnehmen.

# Tortellini *alla Panna*

**FÜR 2 PERSONEN**

1 Packung Tortellini
200 g Sahne
1/2 Packung TK-Erbsen
100 g Schinken oder
Bauchspeck
1 EL geriebener Parmesan

Die Erbsen antauen lassen. Den Schinken bzw. Speck klein schneiden und in einer Pfanne kross braten. Dazu braucht man wenig bis kein Fett, je nachdem wie fett der Bauchspeck ist.

Die angetauten Erbsen hinzugeben und mit der Sahne aufgießen. Das Ganze leicht pfeffern und aufkochen lassen. Die Sahne etwas einkochen lassen.

Zeitgleich Salzwasser zum Kochen bringen und die Tortellini bei niedriger Temperatur darin garen. Abgießen und in die Sahnesoße geben. Gut vermischen und kurz ziehen lassen.

Anrichten und mit Parmesan bestreut servieren.

# Wirtschaftswundersalat

**FÜR 4 PERSONEN**

250 g kurze Nudeln
200 g Karotten
100 g aufgetaute
TK-Erbsen
1 EL Olivenöl
1 EL Wasser
1/2 Gurke
ein paar Blätter Zitronenmelisse, falls zur Hand
1 Bund Schnittlauch
1/2 Bund krause Petersilie

**Für die Soße**

1 Eigelb
2 EL Zitronensaft
1 TL Senf
Salz, Pfeffer
2 EL geröstete Pinienkerne
3 EL Brühe
6 EL Olivenöl
1 Bund Basilikum

**Varianten:** Je nach Geschmack, Vorlieben, dem Haushaltsbudget und dem aktuellen Angebot können die unterschiedlichsten Varianten zusammengestellt werden. Die Zutaten sollten wenn möglich frisch sein. Bei frischen Tomaten sollte man die Kerne vorher entfernen.
Gut passen auch Granatapfelkerne oder gebratene Hähnchenbruststreifen, gegrillter Lachs oder Würfel vom Tafelspitz (da kann man auch die Brühe verwenden). Auch Meeresfrüchte oder Thunfisch im eigenen Saft eignen sich für eine Salatvariante.
Als Soße genügen auch Essig und Öl, mit oder ohne Sahne, Mayonnaise oder saure Sahne.

Die Nudeln al dente kochen und abschrecken. Die Karotten schälen und schräg in dünne Scheiben schneiden. Mit den Erbsen, dem Wasser und Öl ein paar Minuten bei geschlossenem Deckel dünsten.

Die Gurke schälen, vierteln, entkernen und in Scheiben schneiden. Die Zutaten für die Soße pürieren und ggf. mit etwas mehr Brühe verdünnen, abschmecken und beiseite stellen.

Die Kräuter waschen, trocken schütteln und hacken. Das Gemüse mit der Gurke, den Nudeln und den Kräutern vermengen. Vor den Servieren mit der Soße mischen.

## ... ODER DIE ITALIENISCHE VARIANTE

**FÜR 2 PERSONEN**

250 g Nudeln
2 EL Olivenöl
3 EL Pesto (s. S. 53)
3 feste, reife Tomaten
50 g Pecorino oder ähnlicher Hartkäse

Die Nudeln in ausreichend Salzwasser al dente kochen. Die Tomaten waschen, entkernen und in kleine Stücke schneiden.

Kurz vor dem Abgießen, 2 bis 3 EL vom Kochwasser abnehmen und unter das Pesto rühren. Die Nudeln abgießen und erst mit dem Öl vermengen, dann mit dem Pesto und den Tomaten mischen.

Den Käse reiben und vor dem Servieren über die Nudeln streuen.

# Lasagne *al forno*

**FÜR 4 PERSONEN**

1/2 Packung Lasagneblät-
ter ohne Vorkochen
1 Dose passierte Tomaten
Hackfleischsoße, siehe
S. 72
Bechamelsoße, siehe S. 52
100 g geriebener Käse

**Man kann die Lasagne** auch ve-
getarisch zubereiten, z. B. mit in
Scheiben geschnittenen Auberginen und Zucchini. Statt des Hack-
fleischs kann man auch klein ge-
schnittenes Gemüse wie Karotten,
Sellerieknolle oder auch Erbsen in
der Soße garen.

Den Ofen auf 200 °C vorheizen. Die Hackfleischsoße mit den passierten Tomaten mischen und mit
Salz, Pfeffer und Oregano abschmecken.

In einer feuerfesten Form etwas Soße auf dem
Boden verteilen und eine Schicht
Lasagneblätter darüberlegen.

Dann abwechselnd Soße und Nudelblätter einschichten, bis die Soße aufgebraucht ist. Die letzte
Schicht sollte aus Soße sein.

Alles mit der Bechamelsoße begießen und mit dem
geriebenen Käse bestreuen. Im Ofen ca. 30 Minuten
backen. Der Käse sollte goldgelb sein und durch die
Nudeln muss man mit einer Gabel widerstandslos
durchstechen können.

Dazu passt Salat.

# Spaghetti *salsiccia*

**FÜR 4 PERSONEN**

500 g Spaghetti
2 EL Öl
4 Bratwürste
4 TL Tomatenmark
Zucker, Salz, Pfeffer

Einen Topf mit ausreichend Wasser zum Kochen bringen. Sobald das Wasser kocht, salzen und die Nudeln hineingeben. Kurz umrühren, damit sie nicht ankleben.

Die rohen Bratwürste von der Haut befreien. Das Mett mit der Gabel in kleine Stücke teilen.

In einer Pfanne Öl heiß werden lassen. Die Mettstückchen hineingeben und unter ständigem Rühren anbraten. Etwas Zucker darüberstreuen und das Mett kurz ankaramellisieren. Tomatenmark einrühren und mit zwei Schöpfkellen des Nudelwassers ablöschen.

Nach Belieben salzen und pfeffern, aber Achtung: viele Würste sind bereits so gewürzt, dass ein Nachsalzen meist nicht nötig ist.

# Resteessen

**KLASSISCHE RESTEESSEN**, die es auch immer noch in Gasthäusern gibt, sind u. a. Tiroler Gröstl und Schinkennudeln.

# Tiroler Gröstl

### FÜR 4 PERSONEN
500 g gekochte Kartoffeln vom Vortag
Bratenreste
1 Zwiebel
100 g Bauchspeck oder Schinkenreste
2 EL Öl
je 1 Blut- und Leberwurst
Salz, Pfeffer
1 TL Majoran
2–3 Eier

Die Zwiebel schälen und klein schneiden. Die Kartoffeln würfeln oder in Scheiben schneiden. Den Bauchspeck oder Schinken ebenfalls klein schneiden.

Zwiebeln, Kartoffeln, Bratenreste und Speck bzw. Schinkenwürfel in einer Pfanne mit dem Öl anbraten.

In der Zwischenzeit die Blut- und die Leberwurst von der Haut befreien und in Scheiben schneiden.

Sobald Speck und Kartoffeln kross sind, die Blut- und Leberwurstscheiben dazugeben und umrühren, bis sie ihre feste Konsistenz verloren haben.

Mit Salz, Pfeffer und Majoran würzen, die Eier verquirlen und darübergeben. Sobald sie gestockt sind, servieren. Dazu passt Salat.

# Hadern

**FÜR 4 PERSONEN**

500 g Pellkartoffeln vom
Vortag (ungeschälte
gekochte Kartoffeln)
120–150 g Mehl
1–2 Eigelb
Salz, geriebene
Muskatnuss
2 EL Butterschmalz
1–2 EL Paniermehl
2 EL Butter

Den Backofen auf 200 °C vorheizen. Die Pellkartoffeln schälen und durch eine Kartoffelpresse drücken. Man kann sie auch stampfen oder mit einer Gabel zerdrücken.

Die Kartoffelmasse mit dem Mehl, den Eigelben, Salz und Muskatnuss zu einem Teig verkneten und auf einer bemehlten Unterlage zu einer Rolle mit ca. 4 cm Durchmesser formen. Von der Rolle etwa 5 mm dicke Scheiben abschneiden.

Das Butterschmalz in einer Pfanne erhitzen und die Scheiben, auch Hadern oder Fleckerl genannt, darin ausbacken.

Anschließend mit Paniermehl bestäuben. Die Butter zerlassen und darübergießen. In eine Ofenfeste Form geben und im vorgeheizten Ofen 15 bis 20 Minuten überbacken. Dazu passt Kräuterquark.

# Kirsch*michl*

**FÜR 4 PERSONEN**

5 Semmeln vom Vortag
1/2 l Milch
2 Eier
5 EL Zucker
4 EL Butter
abgeriebene Schale von
1 unbehandelten Zitrone
1 Msp. Backpulver
2 EL Mehl
750 g Kirschen, z. B. Schattenmorellen
2 EL Semmelbrösel
Zucker zum Bestreuen

Den Ofen auf 180 °C vorheizen. Die Semmeln in gröbere Streifen schneiden und in der Milch einlegen. Die Eier trennen. Die Kirschen abtropfen lassen.

Die Eigelbe mit dem Zucker und 3 EL Butter schaumig schlagen und dann die Zitronenschale, das Backpulver und das Mehl unterrühren.

Die Semmeln leicht ausdrücken und ebenfalls unter den Teig mengen. Die Eiweiße steif schlagen und vorsichtig unter den Teig heben.

Eine Auflaufform mit der restlichen Butter einfetten und abwechselnd Teig und Kirschen einschichten, bis beides aufgebraucht ist.

Den Auflauf mit den Semmelbröseln und Butterflocken bestreuen und im vorgeheizten Ofen 45 Minuten backen. Den Kirschmichl heiß servieren.

# Scheiter*haufen*

**FÜR 4 PERSONEN**

6 Semmeln vom Vortag
500 g würzige Äpfel
3/4 l Milch
75 g Zucker
4 Eier
20 g Butter
1 TL Zimt
50 g Rosinen
3 EL Puderzucker
zum Bestäuben

Den Ofen auf 200°C vorheizen. Die Äpfel schälen und entkernen. Die Semmeln und die Äpfel in feine Scheiben bzw. Spalten schneiden. In der Milch zwei Drittel des Zuckers auflösen. Die Eier verquirlen und zur Milch geben.

Eine Auflaufform mit Butter ausfetten und abwechselnd Semmeln und Äpfel einschichten. Zwischendurch mit dem restlichen Zucker, Zimt und Rosinen bestreuen. Die letzte Schicht sollte aus Semmeln bestehen.

Alles mit der Eiermilch übergießen und im Ofen 45 bis 60 Minuten backen, bis die oberste Schicht knusprig ist. Mit dem Puderzucker bestäuben.

# Arme *Ritter*

**FÜR 2 PERSONEN**
1/2 l Milch
2 Eier
40 g Zucker
1 Pck. Vanillinzucker
Mandelaroma
Salz
10–12 Weißbrotscheiben
vom Vortag
Paniermehl
2 EL Butter oder Butter
schmalz
Zimtzucker

Die Milch mit den Eiern, dem Zucker, dem Mandelaroma und einer Prise Salz verquirlen. Die Brotscheiben in die Masse einlegen.

Wenn diese gut getränkt sind, in Paniermehl wenden. In einer Pfanne Butter erhitzen und die Scheiben darin hellbraun backen. Mit dem Zimtzucker bestreut servieren.

# *Variante* Kartäuserklöße

Von ganzen altbackenen Semmeln die Kruste abreiben. Dann die abgeriebenen Semmeln in der Milch-Eier-Mischung einlegen, bis sie sich vollgesogen haben.
Anschließend die Semmeln halbieren und mit dem Abrieb bestreuen. In einem hohen Topf in Öl ausbacken und mit Zimtzucker bestreuen.

Keine Angst *vor* *Hefeteig* oder Backen macht glücklich!

# Pizza

## GRUNDREZEPT ZUM VARIIEREN JE NACH PERSONENZAHL

2 Teile Mehl (Weizen-
oder Dinkelmehl)
1 Teil Flüssigkeit
(2:1 Wasser:Milch)
1 Pck. Hefe
1 EL Öl

### Für 1 Blech

250 g Mehl
1/4 l Flüssigkeit
1/2 Würfel Hefe
2 EL Öl

### Für den Belag

1 EL Öl
1 Dose gehackte Tomaten
Belag nach Wunsch, z. B.
Salami, Pilze, Kochschin-
ken, Oliven, Thunfisch etc.
Salz, Pfeffer, Oregano
100 g geriebener Käse

### Tipp

Teigreste und auch fertige Pizza
kann man gut einfrieren.

### Belegvariante

Auf die fertige Pizza Napoli (nur
Tomaten und Käse) Rucola streuen
und mit geräuchertem Schinken
belegen.

Das Mehl in eine Schüssel geben und in der Mitte eine Vertiefung hineindrücken. Die Flüssigkeit erwärmen.

Die Hefe in die Vertiefung bröckeln und mit der Hälfte der erwärmten Flüssigkeit aufgießen.

Mit einem sauberen Geschirrtuch zugedeckt an einem warmen Ort oder bei 50 °C im Ofen gehen lassen.

Wenn die Hefe gegangen ist, d. h. sich das Volumen vergrößert hat, die restliche Flüssigkeit erneut erwärmen und mit dem Öl zugeben.

Per Hand oder mit den Knethaken des Handrührgerätes zu einem glatten Teig verkneten. Die Teigmasse soll nicht mehr am Rand der Schüssel kleben.

Mit etwas Mehl bestäuben, wieder zudecken und erneut in der Wärme 1 bis 2 Stunden gehen lassen, bis sich das Teigvolumen verdoppelt hat.

Den Ofen auf 220 °C vorheizen. Die Arbeitsplatte mit Mehl bestreuen und den Teig auf Backblechgröße ausrollen. Dabei immer wieder wenden, damit er nicht anklebt.

Ein Blech mit Backpapier auslegen und den Teig darauflegen. Dann den Teig mit Öl bestreichen und die gehackten Tomaten darauf verteilen. Die Pizza nach Wunsch belegen. Salzen, pfeffern und mit Oregano bestreuen. Zum Schluss den geriebenen Käse darüberstreuen.

Die Pizza im vorgeheizten Ofen backen, bis der Käse hellbraun und der Boden kross ist.

# Aus*zogne*

250 g Mehl
1/2 Würfel Hefe
1/4 l Milch
30 g Butter
30 g Zucker
1 Ei
Fett zum Ausbacken
Puderzucker

**Auszogne** werden auch Knienudeln genannt, weil man früher den Teig über dem Knie ausgezogen hat. Ein weiterer Name ist Kirchweihnudeln, da sie traditionell zum Kirchweihfest gebacken wurden.

Die Milch erwärmen. Das Mehl in eine Schüssel geben und eine Vertiefung hineindrücken. Die Hefe hineinbröckeln und mit einem Teil der warmen Milch vermischen. Den Vorteig an einem warmen Ort oder bei 50 °C im Backofen etwa 20 Minuten zugedeckt gehen lassen.

Die restliche Milch noch mal erwärmen und mit den anderen Zutaten zum Vorteig geben. Alles zu einem glatten Teig verkneten und diesen erneut an einem warmen Ort gehen lassen, bis er sein Volumen etwa verdoppelt hat.

Auf einer bemehlten Arbeitsfläche ca. 1 cm stark ausrollen und mit einem Glas Kreise von etwa 8 cm Durchmesser ausstechen. Die Teigkreise mit einem sauberen Küchenhandtuch zugedeckt erneut gehen lassen, bis sie sich merklich vergrößert haben.

In einem hohen Topf das Fett erhitzen. Dann die Teigkreise in der Mitte dünn ausziehen, ohne dass ein Loch entsteht. Außen sollte ein 2 cm breiter Rand bleiben.

In das heiße Ausbackfett legen. Über die Mitte mit einem Esslöffel heißes Fett gießen, damit sie nicht einfallen, und goldgelb backen.

Auf Küchenkrepp abtropfen lassen und anschließend mit Puderzucker oder mit Zimtzucker bestreuen.

# Buchteln | *Rohrnudeln*

**FÜR 4 PERSONEN**

**Für den Teig**

500 g Mehl
1 Würfel Hefe
150 ml Milch
4 EL Zucker
50 g zerlassene Butter
2 Eier
1 Prise Salz
1 TL abgeriebene unbe-
handelte Zitronenschale

**Für die Füllung**

200 g Pflaumenmus

**Zusätzlich**

100 g Butter
1 Eigelb
2 EL Milch

**Die Schalen von Zitrusfrüchten
und anderem Obst** sind meist mit
Pflanzenschutz- und Konservie-
rungsmitteln behandelt, deshalb
sollten sie vor dem Verzehr oder
der Weiterverarbeitung gründlich
gewaschen werden.

Die Milch erwärmen. Das Mehl in eine Schüssel geben und in der Mitte eine Vertiefung hineindrücken.

Darein die Hefe bröckeln und die Hälfte der
erwärmten Milch gießen. Den Teig abgedeckt ca.
20 Minuten an einem warmen Ort oder im Backofen
bei 50 °C gehen lassen.

Den Rest der Milch erneut erwärmen und mit
den anderen Zutaten zum Vorteig geben. Alles zu
einem glatten Teig verkneten. Weitere 45 Minuten
abgedeckt warm stellen, bis sich der Teig merklich
vergrößert hat.

Den Backofen auf 200 °C vorheizen. Aus dem Teig
15 gleich große Stücke bilden, in deren Mitte jeweils
1 EL Pflaumenmus geben und so zu Kugeln formen,
dass das Mus gleichmäßig vom Teig eingeschlossen
wird.

Die Milch mit dem Ei verschlagen. Eine Auflaufform
mit einem Teil der restlichen zerlassenen Butter
ausstreichen und die Kugeln hineinlegen.

Die restliche Butter und die Eiermilch über die
Buchteln geben und im vorgeheizten Ofen ca.
25 Minuten backen.

# Tricks in *der Küche*

Auch mit einem kleinen Budget kann man sich biologisch und gesund ernähren. Voraussetzung sind etwas Zeit für Preisvergleiche in Läden und Prospekten sowie eine gute Planung. Das gilt natürlich auch für die Nicht-Bio-Küche.

Gute Qualität gibt es auch zu vernünftigen Preisen. Es gilt: FRISCH vor Dose. Tiefgekühlt ist auch meist besser als Dose.

GABELTEST Sticht man die Gabel in gegartes Gemüse, sollte ein kleiner Widerstand spürbar sein. Bei Kuchen darf kein Teig beim Rausziehen an der Gabel kleben. Wenn doch, noch ein paar Minuten backen lassen.

Angebranntes in nicht beschichteten Töpfen und Pfannen lässt sich leicht entfernen, wenn man es einweicht. Etwas Spülmittel, Essigessenz oder Zitronensäure im Einweichwasser helfen dabei. Bei hartnäckigen Verschmutzungen wie angebrannter Milch oder Gemüse länger einweichen lassen und ggf. mit Stahlwolle reinigen.

Eine sämige Soße bekommt man ohne SOSSENBINDER hin, wenn man sie lang genug einkochen lässt. Wenn es schneller gehen soll, kann man auch etwas Mehl oder Speisestärke mit ein wenig Wasser klumpenfrei anrühren und in die Soße geben.

Finger weg von BUTTER zum Anbraten von Fleisch: Sie wird nicht heiß genug, verbrennt und qualmt dann. Bei niedrigeren Brattemperaturen wie z. B. bei Eiern, Fisch oder Gemüse kann man Butter jedoch gut verwenden.

TEIG AUSROLLEN Wenn man kein „Nudelholz" zu Hause hat, kann man auch eine gerade geformte Glasflasche oder ein anderes ähnlich geformtes Gefäß oder Rundholz benutzen.

Kocht man gleich eine ZWEITE PORTION Nudeln, Kartoffeln oder Reis für den nächsten Tag mit, spart man Energie.

Den OFEN immer etwa 10 Minuten vorher einheizen, damit er auf die nötige Betriebstemperatur kommt.

**GESCHMACKSBRINGER** sind geräucherter Speck, getrocknete Tomaten (nicht in Öl eingelegt).

**AUFLÄUFE UND KUCHEN** fallen nach dem Backen nicht so leicht zusammen, wenn man sie nach Ende der Backzeit noch ein paar Minuten im abgeschalteten Ofen ruhen lässt.

Zu den **AUFPEPPERN** zählen frische Kräuter, Essiggurken, Bauchspeck, frische Johannisbeeren.

**MANCHE TEIGE** wie Mürbteig oder Hefeteig kann man auch gut mit den Händen kneten. Die Teigkonsistenz lässt sich so besser kontrollieren und man spart zusätzlich Energie.

**SCHRAUBGLÄSER** lassen sich einfacher öffnen, wenn man vorher mit der flachen Hand auf den Glasboden schlägt.

Zum **PÜRIEREN VON SUPPEN** das Wasser abgießen und auffangen (wenn man mit dem Wasser püriert, kann es spritzen). Das Gemüse pürieren und mit dem Wasser wieder aufgießen, bis die gewünschte Konsistenz erreicht ist. Salz, Pfeffer, ein Schuss Sahne und ein Stück Butter dazu, Temperatur auf mittlere Hitze reduzieren und die Suppe kurz köcheln lassen.

Neben **OLIVEN** passen auch reife Schlehen oder Kornelkirschen zu Wildgerichten und Käse.

Auch **PANADE** kann man einfach selbst herstellen: Die harten Resten von Toastbrot oder Semmeln auf einer Küchenreibe fein reiben oder mit den Händen fein zerkrümmeln und je nach Geschmack mit geriebenem Hartkäse, Paprikapulver oder Kreuzkümmel vermischen. Auch Cornflakes oder getrocknete Kräuter eignen sich für Panaden. Die trockene Panade immer luftdicht verschließen und nicht feucht werden lassen.

Die Kerne von **HIMBEEREN, STACHELBEEREN, JOHANNISBEEREN** oder **BROMBEEREN**, die beim Marmelade kochen und nachträglichen Passieren im Sieb übrig bleiben, kann man auf ein Backpapier ausklopfen, trocknen und mit grobem Meersalz vermahlen. Damit kann man dann Fisch und anderes mit einer feinen ungewöhnlichen Note verfeinern.

# Apfel*kuchen*

**FÜR 1 SPRINGFORM**

125 g weiche Margarine
oder Butter
125 g Zucker
1 Pck. Vanillinzucker
Salz
4 Tropfen Zitronen-Backöl
3 Eier
200 g Weizen- oder Dinkelmehl
2 TL Backpulver
1–2 EL Milch
750 g Äpfel
2 EL Aprikosenkonfitüre
2 EL Wasser

**Variante**

Statt Äpfel kann man auch Schattenmorellen oder Sauerkirschen
aus dem Glas verwenden. Dann
lässt man die Aprikosenkonfitüre
einfach weg.

In einer Schüssel Margarine, Zucker, etwas Salz und
Vanillinzucker auf höchster Stufe zu einer cremigen
Masse verrühren.

Das Backöl und nacheinander die Eier zugeben,
jedes Ei sollte 30 Sekunden untergerührt werden.

Danach das Mehl, das Backpulver und die Milch
auf mittlerer Rührstufe einarbeiten. Nur so viel
Milch verwenden, bis der Teig reißend vom Löffel
fällt.

Den Backofen auf 200 °C vorheizen. Eine Springform fetten und den fertigen Teig gleichmäßig darin
verteilen.

Die Äpfel schälen, vierteln und das Kerngehäuse
entfernen, die Viertel mehrfach einritzen und kranz-
förmig leicht in den Teig drücken.

Im vorgeheizten Ofen auf mittlerer Schiene bei
Ober- und Unterhitze 45 Minuten backen.

In der Zwischenzeit die Konfitüre durch ein Sieb
streichen und mit dem Wasser unter Rühren aufkochen lassen.

Den noch heißen Kuchen damit bestreichen. Den
Kuchen vom Rand der Springform lösen und diese
zum Auskühlen des Kuchens öffnen.

# Käse*kuchen*

**FÜR 1 SPRINGFORM**

**Für den Teig**

150 g Mehl
40 g Zucker
1 Pck. Vanillinzucker
100 g weiche Butter

**Für die Quarkmasse**

250 g weiche Butter
200 g Zucker
1 Pck. Vanillinzucker
6 Eier
Salz
abgeriebene Schale von 1
unbehandelten Zitrone
3 EL Zitronensaft
1 kg Quark

Alle Zutaten für den Teig vermengen und auf einer bemehlten Arbeitsfläche zu einem glatten Teig verkneten.

Eine Springform fetten und etwa zwei Drittel des Teiges auf dem Boden gleichmäßig verteilen, den Rest als Rand hochziehen.

Den Backofen auf 175 °C vorheizen. Die Eier trennen und das Eiweiß mit etwas Salz steif schlagen.

Die weiche Butter mit den restlichen Zutaten außer dem Quark nach und nach vermengen und geschmeidig rühren.

Zum Schluss den Quark und den Eischnee vorsichtig unterheben und in der Springform verteilen.

Im vorgeheizten Ofen ca. 75 Minuten backen, anschließend den Kuchen im ausgeschalteten Ofen bei geöffneter Tür noch 30 Minuten ruhen lassen. In der Form erkalten lassen.

# Rhabarber*wähe*

**FÜR 1 BACKBLECH**

**Für den Teig**

200 g weiche Butter
150 g Puderzucker
2 Eier
200 g Mehl
1 TL Backpulver
1 Prise Salz

**Für den Belag**

5 mitteldicke Stangen
Rhabarber

Den Ofen auf 200 °C vorheizen. Die weiche Butter mit dem Puderzucker verrühren, dann nach und nach die beiden Eier unterrühren.

Das Mehl mit dem Backpulver und dem Salz mischen und unter den Teig rühren.

Den Rhabarber schälen, die Enden abschneiden und die Stangen in mundgerechte Stücke schneiden.

Ein Backblech mit Backpapier auslegen und den Teig gleichmäßig darauf verstreichen.

Die Rhabarberstücke auf dem Teig verteilen und den Kuchen im vorgeheizten Ofen ca. 50 Minuten backen.

**Variante**

Statt Rhabarber kann man auch Aprikosen (frisch oder aus der Dose), Himbeeren (tiefgefroren) oder Johannisbeeren verwenden. Auch eine Mischung aus verschiedenen Obstsorten ist sehr lecker.

# Bananen*kuchen*

**FÜR 1 KASTENFORM**

- 125 g Butter
- 125 g Zucker
- 3 Eier
- 1/2 Pck. Backpulver
- 200 g Mehl
- 2 Bananen
- 1 EL gehackte Haselnüsse

Die Eier trennen. Die Butter mit dem Zucker schaumig rühren und nacheinander die Eigelbe, das Backpulver und das Mehl hinzugeben.

Den Backofen auf 175 °C vorheizen. In einer zweiten Schüssel die Eiweiße steif schlagen (Eischnee) und beiseite stellen.

Die Bananen pürieren oder mit einer Gabel zerdrücken und unter den Teig rühren. Zum Schluss den Eischnee vorsichtig unterheben.

Den Teig in eine gefettete Kastenform geben und mit den Haselnüssen bestreuen.

Im vorgeheizten Ofen auf mittlerer Schiene 50 bis 60 Minuten goldgelb backen.

Nach dem Backen den Kuchen 10 Minuten in der Kastenform ruhen lassen, dann zum Auskühlen herausnehmen.

**Der Kuchen ist die ideale Art** und Weise, nicht mehr ganz schönes und sehr reifes Obst zu verarbeiten. Statt es in einem Kuchen zu verwenden, kann man das pürierte Obst auch mit Milch zu einem Milchshake aufgießen. Weiche Bananen lassen sich einfach mit der Gabel zerdrücken und z. B. in eine Soße einrühren. So spart man den Soßenbinder und hat zugleich eine exotische Note für Fleisch-, Fisch- oder Reisgerichte.

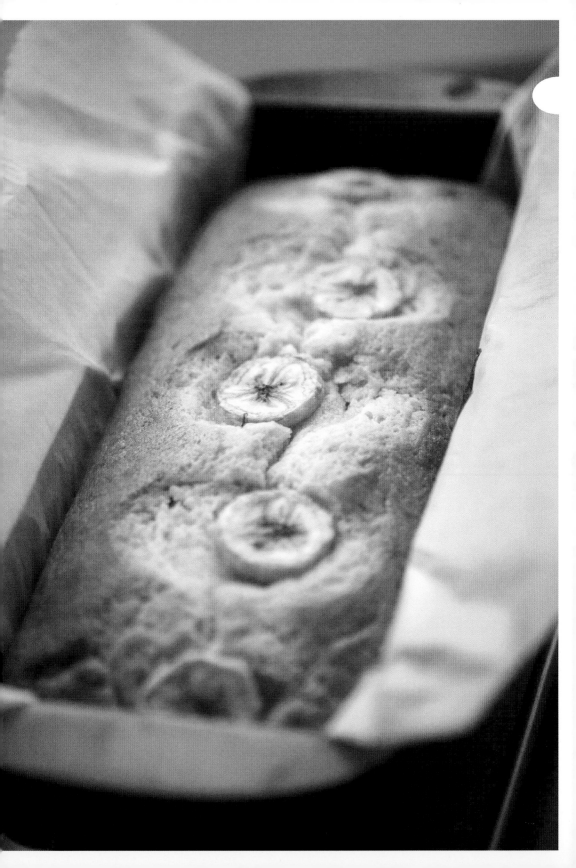

# Tarte

**FÜR 1 SPRINGFORM**

**Für den Teig**

200 g Mehl

1 Pck. Vanillinzucker

Salz

1 Ei

100 g weiche Butter

**Für den Belag**

beliebiges Obst, z. B. Dosenpfirsiche, Aprikosen, Birnen, Äpfel

2 Eigelb

200 g Sahne

60 g Zucker

1 Pck. Vanillinzucker

2 EL Speisestärke

4–5 EL Aprikosenkonfitüre

2 EL Wasser

Alle Zutaten für den Teig vermengen und auf einer bemehlten Arbeitsfläche zu einem glatten Teig verkneten.

Eine Springform fetten und etwa zwei Drittel des Teiges auf dem Boden gleichmäßig verteilen, den Rest als Rand hochziehen.

Den Backofen auf 200 °C vorheizen. Das Obst schälen, entkernen und in Spalten schneiden bzw. gut abtropfen lassen. Kreisförmig auf dem Boden der Tarte verteilen.

Für den Guss die Eigelbe mit der Sahne, dem Vanillinzucker und der Speisestärke verrühren, bis keine Klumpen mehr zu sehen sind, und über das Obst gießen.

Im vorgeheizten Ofen auf mittlerer Schiene ca. 50 Minuten backen.

In der Zwischenzeit die Konfitüre durch ein Sieb streichen und mit dem Wasser unter Rühren aufkochen lassen.

Den noch heißen Kuchen damit bestreichen und in der Form auskühlen lassen.

# Marmor*kuchen*

**FÜR 1 GUGLHUPF ODER
1 KASTENFORM**

- 300 g weiche Butter oder
Margarine
- 300 g Zucker
- 1 Pck. Vanillinzucker
- 1 Röhrchen Rum-Aroma
- Salz
- 3–4 Eier
- 500 g Mehl
- 1 Pck. Backpulver
- 6 EL Milch
- 2 EL Kakaopulver
- 1 EL Zucker

**Variante**

Man kann auch in kleinen Gugl-
hupfförmchen Minikuchen backen.

Die Butter auf höchster Stufe geschmeidig rühren und danach den Zucker, das Rum-Aroma und den Vanillinzucker unterrühren. Nach und nach die Eier unterrühren und mit dem Backpulver, 3 EL Milch und dem Mehl vermengen.

Den Backofen auf 200 °C vorheizen. Eine Napfkuchen- oder Gugelhupfform fetten und zwei Drittel des Teiges einfüllen.

Unter das letzte Drittel des Teiges den Kakao, den Zucker und die Milch rühren. Den dunklen Teig auf den hellen geben und die beiden Teige mit einer Gabel spiralförmig durchziehen.

Im vorgeheizten Ofen auf mittlerer Schiene 60 Minuten backen. Den erkalteten Kuchen mit Puderzucker bestreuen oder mit Schokoladenguss verzieren.

# Apfel*strudel*

## FÜR 1 STRUDEL
fertiger Strudelteig aus
dem Kühlregal
75 g Butter oder Margarine
50 g Paniermehl
2 Eigelb

### Für die Füllung
1–1,5 kg Äpfel
1/2 Röhrchen Rum-Aroma
3 Tropfen Backöl Zitrone
50 g Rosinen
100 g Zucker
1 Pck. Vanillinzucker
50 g gehackte Mandeln

Die Äpfel schälen, vierteln, entkernen und in kleine Stücke schneiden. Mit den Rosinen, den Mandeln, dem Zucker, den Aromen und dem Vanillinzucker vermengen.

Den Ofen auf 200 °C vorheizen. Die Butter schmelzen. Den Strudelteig auf ein bemehltes Küchenhandtuch legen, mit der Butter bestreichen und darauf das Paniermehl ausstreuen.

Hierauf nun die Füllung verteilen, dabei an den Rändern ein paar Zentimeter frei lassen.
Die frei gebliebenen Ränder links und rechts auf die Füllung legen und das Ganze von unten aus mit Hilfe des Küchentuches aufrollen.

Die Enden gut zusammendrücken und die Oberseite des gerollten Strudels mit den Eigelben bestreichen.

In einer Reine oder auf einem gefetteten Backblech im vorgeheizten Backofen ca. 50 Minuten backen. In dieser Zeit den Strudel immer wieder mit weicher Butter/Margarine bestreichen.

# *Varianten* für die Füllung

**QUARKSTRUDEL** 1–1,5 kg Quark, 2 Eier, die abgeriebene Schale von 1 unbehandelten Zitrone, 200 g Zucker, 75 g zerlassene Butter

**MOHNSTRUDEL** 1/2 l Milch, 400 g gemahlener Mohn, 2 Eier, 2 EL Honig, 50 g Semmelbrösel, 100 g Sultaninen

# Zwiebel*kuchen*

**FÜR 1 SPRINGFORM**

**Für den Teig**

200 g Mehl
100 g Butter oder
Margarine
1 Ei
Salz

**Für den Belag**

500 g Zwiebeln
2 EL Butter
Salz
100 g Bauchspeck
200 g Sahne
200 ml Milch
2 Eigelb
50 g Mehl
Pfeffer, Muskatnuss,
Majoran, Petersilie

Die Zutaten für den Teig verkneten. Wenn nötig einige Tropfen Wasser hinzufügen. Den fertigen Teig in Klarsichtfolie einwickeln und 1 Stunde kalt stellen.

Den Ofen auf 200 °C vorheizen. Eine Springform fetten und mit dem gekühlten Teig auskleiden. Den Boden mehrfach mit einer Gabel einstechen.

Die Zwiebeln schälen und fein hacken. Die Butter in einer Pfanne erhitzen und darin den gewürfelten Speck auslassen und die Zwiebeln glasig dünsten.

Die Sahne mit der Milch und den Eiern verquirlen und das Mehl unterrühren. Mit den Gewürzen abschmecken.

Die Zwiebel-Speck-Mischung auf den Teig geben und im vorgeheizten Ofen ca. 30 Minuten backen.

**Wenn es schneller gehen soll,** kann man auch fertigen Blätterteig verwenden.

# Karotten*kuchen*

**FÜR 1 SPRINGFORM**

4 Eier
200 g Zucker
150 g weiche Butter
oder Margarine
150 g Mehl
1 TL Backpulver
1 Prise Zimt
300 g Karotten
100 g Nusskerne (Walnuss,
Mandel, Haselnuss)

Den Ofen auf 180 °C vorheizen. Die Karotten schälen und fein reiben.

Die Eier mit dem Zucker und mit der weichen Butter schaumig schlagen. Danach die restlichen Zutaten unterrühren.

Eine Kuchenform fetten und den Teig hineingeben. Im vorgeheizten Ofen ca. 40 Minuten backen.

# Wildfrüchte

**BROMBEEREN** sind dornige Kletterpflanzen, die in sonnigen bis halbschattigen Lagen, sowie in lichten Wäldern oder an deren Rändern vorkommen. Ihre blauschwarzen Früchte sind wohlschmeckend und können von Juli bis Oktober geerntet werden. Sie sind auch zum Rohverzehr, als Marmelade oder Kuchenbelag geeignet.

**EBERESCHEN** oder Vogelbeeren sollte man erst nach den ersten Frösten ernten. Sie verlieren dann viele ihrer Bitterstoffe. Sie werden in frischem Wasser weich gekocht und der Saft anschließend abgeseiht.

**FELSENBIRNEN** findet man häufig in Ziergärten. Die erbsengroßen, schwarzroten Früchte haben einen intensiven, an Heidelbeeren erinnernden Geschmack. Mit zunehmender Reife werden sie weicher und süßer.

**HAGEBUTTEN** sind die rotleuchtenden Früchte der Heckenrose. Oft sind sie an Wald- und Feldrändern, in Gebüschen und an sonnigen Hängen anzutreffen. Wegen des sehr hohen Vitamin-C-Gehalts lohnt sich auch das etwas aufwendige Putzen und Zubereiten der Früchte.

Die kleinstrauchigen **HEIDELBEEREN** oder Blaubeeren findet man in halbschattigen Waldgebieten. Wegen des häufig verbreiteten Fuchsbandwurms sollte man sie nur gut gewaschen oder gekocht essen.

Die gelblichweißen, doldenartigen Rispen der **HOLLUNDERBLÜTEN** verbreiten einen intensiven Duft. Die getrockneten Blüten werden für Tees verwendet, die Dolden können zu Hollerküchle verarbeitet werden. Später im Jahr kann man die kleinen, schwarz glänzenden **HOLLUNDER- ODER FLIEDERBEEREN** ernten. Sie enthalten einen stark färbenden Saft mit einem hohen Vitamin-C-Gehalt. Früher hat man daraus sogar Tinte hergestellt. Die Früchte niemals roh essen! Sie enthalten den Blausäuregiftstoff.

**Tipp**
Zu den säurearmen Früchten zählen Banane, Birne und Ananas, zu den säurereichen Stachelbeere, Kiwi und Orange.

Der Baum der KORNELKIRSCHEN ist ein Universalgehölz, das es schon seit der Antike gibt. Die etwa 2 cm langen, ovalen Früchte sind in vollreifem Zustand dunkelrot. Auch sie enthalten reichlich Vitamin C und schmecken süß. Als Alternative zu Oliven können die halbreifen Früchte ebenso wie Schlehen mit Gewürzen in Essig eingelegt werden.

MAHONIEN sind immergrüne Sträucher mit stacheligen Blättern und ca. 1 cm großen, kugeligen, stahlblauen bis schwarzen, säuerlichen Beeren. Ihr stark färbender, dunkelroter Saft ist vitaminreich und enthält viel Fruchtsäure. Daher sollten Mahonien mit säurearmen Früchten verarbeitet werden. Außerdem sollten sie nur in geringen Mengen roh gegessen werden, denn sie wirken abführend.

MAULBEEREN werden schon seit über 4000 Jahren kultiviert. Die bis zu 10 m hohen Bäume sind sehr ertragreich. Die brombeerartigen Scheinbeeren haben eine meist weiße bis leicht rötliche Farbe. Sie können aber auch dunkelrot bis schwarz sein. Roh schmecken sie zwar süß, aber etwas fade.

WEICHSELN/SAUERKIRSCHEN/SCHATTENMORELLEN gibt es als Baum oder als Strauch. Verwildert findet man sie häufig in Hecken. Die Frucht der Sauerkirsche hat einen Durchmesser von 15 bis 20 mm, ist mehr oder weniger kugelig und hell- bis schwarzrot. Das Fruchtfleisch schmeckt säuerlich und ist meist rot gefärbt.

Der kleine, dornige Strauch der ZIERQUITTEN erfreut im Frühjahr über lange Zeit mit seinen ziegelroten Blüten. Im späten Sommer trägt er gelbe apfelähnliche Scheinfrüchte. In rohem Zustand sind diese ungenießbar. Ihr aromatischer Saft lässt sich hervorragend mit säurearmen Früchten verarbeiten.

# Brombeer*konfitüre*

300 g Äpfel
250 g Brombeeren
1 kg Gelierzucker 1:1
1 Zimtstange

**Tipp** Konfitüren und Gelees kann
man auch zusammen mit Quitten
und Birnen zubereiten.

Schraubgläser heiß ausspülen und beiseite stellen.
Die Äpfel schälen, entkernen und raspeln oder mit
dem Pürierstab zerkleinern. Die Brombeeren verle-
sen, waschen und gut abtropfen lassen.

Alles mit Gelierzucker und Zimtstange aufkochen.
Bei starker Hitze unter Rühren 4 Minuten sprudelnd
kochen.

Noch heiß in die vorbereiteten Gläser füllen und
sofort verschließen.

# Felsenbirnenkonfitüre

## *mit Himbeeren*

600 g Felsenbirnenmark
400 g Himbeeren
500 g Gelierzucker 2:1

**Tipp** Statt mit Himbeeren
schmeckt die Konfitüre auch lecker
mit Johannisbeeren, Sauerkirschen
oder Pflaumen.

Schraubgläser heiß ausspülen und beiseite stellen.
Felsenbirnen waschen, pürieren und durch ein feines
Sieb streichen. Vom Mark 600 g abwiegen.

Himbeeren etwas zerdrücken und mit dem Felsenbirnenmark und dem Gelierzucker mischen.

Unter Rühren aufkochen und bei starker Hitze unter
Rühren 3 Minuten sprudelnd kochen lassen.

Noch heiß in die vorbereiteten Gläser füllen und
sofort verschließen.

# Hagebutten*konfitüre*

2 kg Hagebutten
1 kg Gelierzucker 1:1

**Tipp** 250 g Hagebuttenmark durch
1/4 l Ananassaft oder frisch ge-
pressten Orangensaft ersetzen.

## VARIANTE 1

Schraubgläser heiß ausspülen und beiseite stellen.
Die Hagebutten von Blütenresten und Stielen befrei-
en, waschen und knapp mit Wasser bedeckt weich
kochen.
Die Fruchtmasse durch ein Sieb streichen. So bleiben
die Kerne und Härchen zurück.

Von dem gewonnenen Mark 1 kg abwiegen, mit
dem Gelierzucker vermischen und 4 Minuten sprudelnd kochen lassen.

Noch heiß in die vorbereiteten Gläser füllen und
sofort verschließen.

## VARIANTE 2

Schraubgläser heiß ausspülen und beiseite stellen.
Die Hagebutten waschen, gut abtropfen lassen, Blüten und Stiele abschneiden. Die Hagebutten durch-
schneiden und die Kerne entfernen.

Die Fruchthälften nochmals gut abspülen, in einen
Topf geben und knapp mit Wasser bedeckt weich
kochen. Danach mit einem Pürierstab zerkleinern.

Von dem Hagebuttenpüree 1 kg abwiegen. Gelierzucker zufügen, gut verrühren und unter Rühren
4 Minuten sprudelnd kochen lassen.

Noch heiß in die vorbereiteten Gläser füllen und
sofort verschließen.

# Holunder*küchle*

16–20 Holunderblüten-
dolden
4 Eier
125 g Puderzucker
175 g Mehl
1 Pck. Vanillinzucker
1 Prise Salz
1/8 l Milch
Öl oder Pflanzenfett zum
Ausbacken
Zucker und Zimt zum
Bestreuen

Die Blütendolden kurz mit kaltem Wasser abspülen.
Eier trennen und das Eiweiß steif schlagen. Den
Eischnee mit dem Puderzucker vermischen und das
gesiebte Mehl unterheben. Die Eigelbe mit Vanil-
linzucker, Salz und Milch verquirlen und unter den
Eischnee ziehen.

Reichlich Fett in einer Pfanne erhitzen, die Blütendolden am Stiel in den Teig tauchen und schwim-
mend 4 bis 5 Minuten in dem heißen Fett goldgelb
ausbacken. Auf Küchenkrepp abtropfen lassen, die
Stiele abschneiden und die Küchle mit Zucker und
Zimt bestreuen und servieren.

# Holunderblüten*sirup*

20 Holunderblütendolden
2 l Wasser
2 unbehandelte Zitronen
2 kg Zucker

Holunderblütendolden kurz und kräftig ausschüt-
teln und in einen großen Topf legen. Die Zitronen
in Scheiben schneiden.

Wasser mit Zucker und Zitronenscheiben in einem
anderen Topf aufkochen und bei kleiner Hitze so
lange kochen, bis sich der Zucker gelöst hat.

Den Zuckersirup über die Holunderblüten gießen
und zugedeckt 3 Tage ziehen lassen.

Verschließbare Glasflaschen heiß ausspülen und
beiseite stellen. Den Sirup durch ein feines Sieb
abseihen und die Flaschen füllen. Die Flaschen gut
verschließen und kühl und dunkel lagern.

# Kornelkirschen-*konfitüre*

2 kg Kornelkirschen
1 kg Gelierzucker 1:1

**Tipp** Ein Stück frischen Ingwer
mitkochen.

Schraubgläser heiß ausspülen und beiseite stellen.
Die Kornelkirschen waschen, knapp mit Wasser
bedecken und weich kochen. Noch heiß durch ein
Haarsieb streichen und 1 kg Fruchtmus abwiegen.

Das Mus mit dem Gelierzucker zum Kochen bringen
und bei starker Hitze unter Rühren 4 Minuten sprudelnd kochen lassen.

Noch heiß in die vorbereiteten Gläser füllen und
sofort verschließen.

# Löwenzahnblüten*gelee*

ca. 200 Löwenzahnblüten
Saft von 1 Zitrone
1 kg Gelierzucker 1:1

Die Blüten kurz unter fließendem Wasser waschen
und die Hüllblättchen entfernen. Mit 1 l Wasser
zum Kochen bringen. Etwa 5 Minuten kochen lassen, dann 1 Tag stehen lassen.

Schraubgläser heiß ausspülen und beiseite stellen.
Den Saft abseihen und 3/4 l abmessen. Mit Zitronensaft und Gelierzucker mischen, unter Rühren
aufkochen und bei starker Hitze unter Rühren 4 Minuten sprudelnd kochen lassen.

Noch heiß in die vorbereiteten Gläser füllen und
sofort verschließen.

# Löwenzahn*honig*

200 g Löwenzahnblüten
ohne Hüllblätter
1 kg Zucker
1 EL Zitronensaft

Schraubgläser heiß ausspülen und beiseite stellen. Blüten in 1/2 l Wasser ca. 15 Minuten kochen und dann abseihen.

Den gewonnenen Saft mit dem Zucker und dem Zitronensaft mischen und aufkochen. Etwa 15 Minuten sprudelnd einkochen lassen, bis er eine sirupartige Konsistenz hat.

# Quitten*gelee*

1 kg Quitten
1/4 l Wasser
500 g Gelierzucker 1:1

Schraubgläser heiß ausspülen und beiseite stellen. Quitten mit einem Tuch abreiben, waschen und in Stücke schneiden.

In einem Topf knapp mit Wasser bedeckt weich kochen. Den Saft durch ein Tuch ablaufen und abkühlen lassen.

**Tipp** Aus den Rückständen der Saftbereitung kann man Quittenbrot herstellen oder es zu Relish (das ist eine Würzsoße aus Gemüsen oder Früchten) weiterverarbeiten.

Von dem Saft 1/2 l abmessen und mit dem Gelierzucker verrühren, aufkochen und unter Rühren 4 Minute sprudelnd kochen lassen.

Noch heiß in die vorbereiteten Gläser füllen und sofort verschließen.

# A bis Z *der Kräuter*

Frische Kräuter haben den intensivsten Geschmack und sind gute Vitamin- und Mineralstoffspender. Fast alle Kräuter lassen sich gut einfrieren – Majoran und Bohnenkraut verlieren dabei allerdings ihren Geschmack, während Basilikum, Salbei, Dill, Estragon und Thymian ihn verstärken.

Frische Kräuter in ein feuchtes Küchentuch wickeln und im Kühlschrank aufbewahren. Kräuter können als Bund oder als einzelne Blätter lose auf Küchenkrepp getrocknet werden. Aufbewahrt werden sollten sie dann in lichtundurchlässigen Gefäßen.

Einige Kräuter wie Salbei, Pfefferminze, Johanniskraut, Huflattich, Brennnessel, Baldrian oder Kamille lassen sich wie Holunder, Lindenblüten oder Fenchel gut zu Tees verarbeiten. Man sollte sie am besten am frühen Morgen und nicht bei Regen sammeln. Ihr Aroma ist sonst nicht sehr intensiv. Sie sollten nicht in der prallen Sonne getrocknet werden, sondern auf einem Küchenkrepp im Schatten. Danach in fest verschließbaren Gläsern oder Dosen aufbewahren. Rosmarin, Petersilie, Schnittlauch, Lorbeerblatt, Thymian oder Oregano kann man, wenn es sie in großen Mengen gibt, gut einfrieren oder trocknen. Günstig gibt es sie auch auf dem Gewürzstand auf der Auer Dult.

**BASILIKUM** am besten frisch verwenden. Er passt zu allen mediterranen Gerichten, vor allem zu Tomaten.

**BÄRLAUCH** wächst großflächig in feuchten, schattigen Au- und Laubwäldern. Er riecht stark nach Knoblauch und lässt sich so gut vom ähnlich aussehenden giftigen Maiglöckchen unterscheiden. Er eignet sich für Pestos und schmeckt im Salat.

**BOHNENKRAUT**, frisch oder getrocknet, passt zu Bohnen und anderen Hülsenfrüchten.

**BRENNNESSELN** findet man an Wald- und Wegrändern sowie in der Nähe von Häusern. Zum Kochen werden nur die jungen Triebspitzen verwendet. Nach dem Erhitzen verlieren sie ihren Brennreiz.

**BRUNNENKRESSE** wächst in der Nähe von fließenden Gewässern und Sümpfen. Die scharf-würzigen und leicht bitteren Blätter und Triebspitzen gründlich waschen, da sich an ihnen Larven befinden könnten. Brunnenkresse schmeckt gut in Quark oder Kräuterbutter.

**DILL**, frisch, getrocknet oder TK, schmeckt gut in Soßen, Eier- und Kartoffelgerichten, in Quark oder zu Gurken und Fisch.

**FENCHEL** gibt es als ganze Körner oder gemahlen. Er wird gerne in Soßen und Brot verwendet. Seine Körner helfen als Tee gegen Blähungen und Bauchweh.

**GÄNSEBLÜMCHEN** findet man den ganzen Sommer über auf Wiesen. Die vitaminreichen, leicht nussig-mild schmeckenden Blüten und Blätter sind eine hübsche Deko für Salate und Snacks, haben aber auch eine Stoffwechsel anregende Wirkung für Leber und Galle.

**GELBWURZ** ist in Pulverform ein Ersatzstoff für den teuren Safran und wird zur Gelbfärbung verwendet. Es ist in vielen Currys enthalten und eignet sich für Fleischbrühen, Fischsuppen oder Reisgerichte.

**INGWER** passt frisch oder gemahlen zu Gemüsesuppen, Currys, Getränken wie z. B. Tee oder in Stücken zu Kompott und Kürbis.

**KAPUZINERKRESSE** dient zur Dekoration, ist aber auch zum Verzehr geeignet. Die jungen Blätter sind eine würzige Zutat für Salate, die Blüten eine essbare Verzierung. Geschlossene Knospen sowie unreife Samen sind eingelegt in Essig und Salzlake ein Kapernersatz.

**KERBEL** ist frisch oder getrocknet das klassische Beikraut für Suppen oder Kartoffeln. Er sollte allerdings nicht mitgekocht werden.

**KLEINER WIESENKOPF**, auch unter dem Namen Pimpinelle bekannt, hat ein würziges, leicht herbes Aroma und bevorzugt sonnige Wegränder und warmen, trockenen Rasen.

**KNOBLAUCH**, frisch oder getrocknet, findet als Nahrungs- wie als Heilmittel vielfältige Verwendung. Der intensive Geschmack wird verhindert, wenn man den grünen Keimling im Inneren der Zehe entfernt. Nicht scharf anbraten, da der Knoblauch sonst bitter wird. Zur Verarbeitung in einer Knoblauchpresse zerkleinern oder mit dem Messer sehr fein schneiden und mit etwas Salz zerdrücken.

**KRESSE** kann frisch, ganz oder geschnitten in Suppen, Quark, Kräuterbutter oder als Salat verwendet werden. Sie passt zu kaltem Fleisch, Wurst, Käse oder Eiergerichten und schmeckt auch als Brotbelag.

**KÜMMEL** (Kreuz- und Schwarzkümmel) wird gemahlen oder als ganze Körner vor allem bei schwer verdaulichen Speisen wie Sauerkraut, Weiß-, Rot- oder Wirsingkohl untergemischt, um Blähungen und Magenkrämpfe zu verhindern. Auch in Quark, Käse, Kartoffeln, Brot oder Sülze wird er gerne verwendet.

**LÖWENZAHN** findet man auf jeder Wiese. Man pflückt ihn am besten an sonnigen Tagen, wenn die Blüten schön geöffnet sind. Vom Löwenzahn kann man alles essen. Damit die Blätter nicht zu bitter sind, legt man sie für eine Stunde in lauwarmes Wasser. Die grünen, zarteren Blätter des Löwenzahns schmecken ähnlich wie Rucola.

**LORBEERBLÄTTER** eignen sich für Suppen, Fleisch-, Fischbrühen, Soßen, Marinaden und Essigkonserven.

**MAJORAN** ist frisch oder getrocknet für Innereien, in Kartoffelsuppe, -salat, -klöße, -puffer, Soßen, Kräuterbutter oder Schmalz ein ideales Wintergewürz.

**MEERRETTICH** gibt man frisch oder konserviert zu Fleisch wie Tafelspitz, Würstchen, Fisch, Soßen, Quark oder in Mayonnaisen. Gerieben wird er als Apfel- oder Sahnemeerrettich serviert.

**MUSKATNUSS** passt gerieben als Gewürz in Suppen, Fleischbrühen, Kartoffel-, Reis-, Teigwaren- oder Käsegerichte, ebenso zu Eierspeisen, Kochfisch und Kartoffelsuppe oder -brei.

**NELKEN** gibt man ganz oder gemahlen zu Rotkohl, Rote Bete, in Glühwein, Marinaden oder zu Kompott, Süßspeisen und Gebäck.

**OREGANO** ist frisch oder getrocknet das Universalkraut für Tomaten, Bohnen, Erbsen, Gemüsesuppen, Eier-, Käse-, Lebergerichte und Pizza.

**PAPRIKAPULVER** passt vor allem zu Tomaten, Hülsenfrüchten, Suppen, Soßen, Speck, Eier-, Käse- und Quarkgerichten.

**PETERSILIE** nimmt man frisch, getrocknet oder TK für Suppen, Fleisch-, Geflügelbrühen, Eier-, Kartoffelgerichte und Kräuterbutter oder gehackt im Salat. Sie ist außerdem Bestandteil des Suppengrüns zum Kochen von Fleisch, Fisch oder Geflügel. Ihr hoher Vitamin-C-Gehalt kommt jedoch nur frisch gehackt und roh zur vollen Geltung.

**ROSMARIN** eignet sich frisch oder getrocknet für Suppen, Eierspeisen, Soßen, Kartoffelgerichte, Fleischbrühen sowie für angebratenen Fisch oder Fleisch.

**SALBEI** schmeckt frisch oder getrocknet in Eierspeisen oder Polenta und zu Fleisch. Als Aufguss zum Gurgeln wirkt er bei Halsweh Wunder.

**SAUERAMPFER** ist auf feuchten, lehmigen Wiesen, an Wegrändern und Bachufern weit verbreitet. Seine Blätter verwendet man wie jungen Spinat roh oder gegart.

**SCHNITTLAUCH** verwendet man frisch oder TK in Suppen, Fleisch- oder Geflügelbrühen, Soßen, Kartoffel-, Eiergerichten, Quark oder Kräuterbutter. Am einfachsten schneidet man ihn mit einer Küchenschere zu Röllchen.

**SELLERIE** kann man vielfältig verwenden: frisch, roh oder gekocht, sowohl die Knollen wie auch die Blätter. Man gibt ihn zu Suppen, Soßen, Fleisch-, Fisch-, Geflügelbrühen, Marinaden oder Quark. Außerdem kann man ihn als Gemüse, Salat, Suppeneinlage oder paniert als falsches Schnitzel zubereiten.

**THYMIAN** passt frisch oder getrocknet zu Innereien, Suppen, Soßen, Fleisch-, Geflügelbrühen, Kartoffelgerichten und Schmalz. Durch seine Verwendung werden schwere Speisen leichter verdaulich.

**WACHOLDER** gibt es getrocknet, als ganze Beeren oder gemahlen. Er passt zu Marinaden für Fleisch, Fisch oder Wild, im Fischsud, zu Rot- und Weißkohl, Sauerkraut und zu Fleisch, Geflügel, Wild und Salaten.

**ZITRONENMELISSE** findet frisch oder getrocknet in Soßen, Kräuteressig oder als Tee Verwendung.

**ZWIEBELN** gibt man frisch, geröstet, getrocknet und gemahlen zu Suppen, Soßen, Marinaden, Kartoffel- und Quarkgerichten. Klein geschnitten in einem Taschentuch verpackt helfen sie gegen Ohrenschmerzen.

**Tipps zum Sammeln von Wildkräutern, Wildfrüchten, Pilzen:** Viele Wildobstarten besitzen Dornen. Man sollte daher zum Pflücken Handschuhe mitnehmen. Die Ernte transportiert man am besten in einem luftigen Korb, den gibt es beim Einkauf von z. B. Pfifferlingen umsonst dazu. Am besten verarbeitet man das Obst möglichst noch am selben Tag. Viele Früchte eignen sich aber auch zum Einfrieren.

**Wie beim Pilzesuchen gilt auch für das Sammeln von Wildobst:** Gepflückt werden nur solche Früchte, die man auch kennt. Im Zweifel fragt man eine kundige Person oder nimmt ein Bestimmungsbuch zu Hilfe. Ist man sich immer noch nicht sicher, lässt man die Pflanze stehen.
Unbekannte Pilze nicht zertreten – sie sind wichtig für das Ökosystem.

**Wildgehölze** sind für die heimische Tierwelt von großer Bedeutung. Sie bieten vielen Vögeln einen Nistplatz und sind Nahrungsquelle zugleich. Kleintiere und Insekten finden dort Unterschlupf. Pflücken sollte man immer nur so viele Früchte, wie man auch verarbeiten kann.

**In der Nähe von gespritzten Feldern** oder Obstplantagen sollte man möglichst nicht sammeln, ebensowenig an stark befahrenen Straßen oder Hundewiesen. Vor Verzehr und Verarbeitung sollten Früchte und Pilze gewaschen bzw. geputzt werden.

**In Naturschutzgebieten** ist das Sammeln generell verboten.

# A bis Z *der Pilze*

Pilze können ab dem Frühjahr bis in den Herbst hinein gesammelt werden. In München gibt es von Juli bis Oktober jeden Montag in der Stadt-Information am Marienplatz eine Pilzberatung. Die gängigsten, leicht zu erkennenden Speisepilze von gutem bis hervorragendem Geschmack sind:

**MARONEN- UND BUTTERRÖHRLING, STEINPILZ UND BIRKENROTKAPPE.** Diese Pilze sind Röhrlinge, d. h. die Unterseite ihrer Kappe kann leicht schwammig werden, auch werden sie gerne von Maden befallen oder von Schnecken angefressen. Am besten junge Exemplare mitnehmen.

Der **PFIFFERLING** ist ein sehr schmackhafter Lamellenpilz, der in Kolonien immer an der gleichen Stelle wächst.

Der **PARASOL** oder Riesenschirmling sieht wegen seiner Größe und den Schuppen auf der Kappe ungenießbar aus – das Gegenteil ist aber der Fall. Paniert mit ausgestochenem Stielansatz schmeckt er wie ein Kalbsschnitzel. Auch er wächst immer an der gleichen Stelle.

Der ringstielige **SEITLING** und der **AUSTERNSEITLING** sind vornehmlich aus der Zucht bekannt. Es gibt sie aber auch in großen Mengen an Tothölzern. Sie wachsen wie Pfifferlinge und Parasol immer an derselben Stelle.

**PILZE WACHSEN FAST AUSSCHLIESSLICH NACHTS,** sodass man die frischesten Exemplare am Morgen finden kann. Nach 2 bis 3 Tagen sind sie in der Regel wieder nachgewachsen. Pilze sollte man am besten am Stielansatz abschneiden, damit das Wurzelgeflecht nicht verletzt wird und der Pilz nachwachsen kann.

**WICHTIG** Nur solche Wildpilze essen, die man auch genau kennt. Unwissenheit und Experimente könnten tödlich sein.

## ZUBEREITUNG

Die Pilze unter fließendem kalten Wasser putzen und waschen, damit sie sich nicht damit vollsaugen können und so ihr Aroma verlieren.

In einer Pfanne mit Butter, Salz und Pfeffer andünsten und mit gehackter Petersilie bestreuen.

Dazu passen Fleisch, Fisch, Wild, aber auch Kartoffeln oder Semmelknödel. Da sie schwer verdaulich sind, sollte man sie nur ein- bis zweimal pro Woche essen.

## LAGERUNG

Pilze können gut in Scheiben geschnitten auf einem Stück Küchenkrepp getrocknet werden. Alternativ kann man sie einfrieren, pökeln (mit Salz haltbar machen) oder in Essig oder Öl einlegen.

Getrocknete Pilze vor dem Wiederverwenden 20 Minuten in Wasser einweichen, eingefrorene Pilze kurz in kochendem Wasser auftauen – so bleiben Geschmack und Aroma erhalten.

**PILZE KÖNNEN AUCH HEILENDE KRÄFTE BESITZEN.** So ist der Austernseitling der ideale Cholesterinsenker, wirkt außerdem entzündungshemmend und schützt vor Thrombosen.

Der Steinpilz wird in der traditionellen chinesischen Medizin gegen schmerzhafte Verspannungen der Muskeln und Sehnen eingesetzt, z.B. bei Hexenschuss.

Haus*halt!*

Haus*halten!*

*Sparen!*

# Haushalts*tipps*

**Man musst keine teuren Aufbewahrungsdosen kaufen.** Mit den meisten Einkäufen bekommt man sie ganz umsonst mitgeliefert. Marmeladen- oder Senfgläser, Flaschen, verschließbare Plastikdosen – einfach, wenn sie leer sind, gut ausspülen und wiederverwenden.

## EINIGE TIPPS ZUM THEMA AUFHEBEN

- Verschließbare Plastikdosen von Eis, Jogurt, Wurst und Käse eignen sich hervorragend zur Wiederbefüllung.
- Für eingelegtes Gemüse, Pesto und Konfitüren können ausgewaschene, leere Marmeladengläser oder andere Gläser mit Schraubverschluss verwendet werden.
- Soßen, Suppen oder Fleischgerichte (z.B. Rouladen) kann man portionsweise im Gefrierbeutel oder in entsprechenden Vorratsdosen einfrieren und nach Bedarf wieder auftauen. Eingefroren sind die Gerichte länger haltbar als im Kühlschrank.
- Flüssiges kann man in Plastik- oder Glasflaschen mit großer Öffnung füllen und im Kühlschrank aufbewahren.

**SAISONALE ANGEBOTE** Man sollte versuchen, übers Jahr das zu kaufen, was der heimische Markt gerade hergibt, d.h. saisonale Produkte aus heimischer Produktion. Die Angebote an heimischem Obst und Gemüse in den Supermärkten geben Auskunft darüber, was gerade Saison hat. Viele Supermärkte arbeiten mittlerweile mit Erzeugern aus der Region zusammen, was man an der entsprechenden Auszeichnung in der Obst- und Gemüseabteilung erkennt.

**FRÜHJAHR** neue Kartoffeln, Hollerblüten, Lindenblüten (Tee), Bärlauch, Veilchen, Kresse, Spargel (weiß/grün), Löwenzahn
**SOMMER** alle Gemüsesorten, Beeren, Kirschen, Pflaumen, Tomaten
**HERBST** Nicht umsonst wird zu Beginn des jahreszeitlichen Herbstes das christliche Erntedankfest gefeiert. Es ist die Zeit der Ernte, in der es alles im Überfluss gibt. Und somit auch günstiger als zu anderen Jahreszeiten.
Am Markt gibt es in großer Auswahl Beeren, Kürbisse, Nüsse, Pilze, Obst wie Äpfel, Birnen, Zwetschgen und die meisten heimischen Gemüsearten.
Früher war dies die Zeit, sich auf den Winter mit seinem kargeren Nahrungsangebot vorzubereiten und Vorräte anzulegen. Es wurde eingekocht, Obst getrocknet und kompottiert und Gemüse eingelegt. Heute nimmt man meist eine Dose oder ein Glas aus dem Regal des Supermarkts. Es geht aber auch anders, kostet wenig, macht Spaß und schmeckt auch noch gut.
**WINTER** alle Kohlsorten, Wintersalate

## WOCHENMÄRKTE IN MÜNCHEN

**Arnulfpark**, Rainer-Werner-Fassbinder-Platz: Freitag, 10–18 Uhr

**Au**, Mariahilfplatz: Samstag, 7–13 Uhr

**Berg am Laim**, Baumkirchner Straße 22b–26: Freitag, 8–12 Uhr, Josephsburg (U2) Berg am Laim (S2/4)

**Blumenau**, Blumenauer Straße 2–16: Mittwoch, 8–12 Uhr

**Bogenhausen**, Rosenkavalierplatz: Donnerstag, 8–18 Uhr, Arabellapark (U4)

**Feldmoching**, Walter-Sedlmayr-Platz: Freitag, 13–18 Uhr, Feldmoching (U2, S1)

**Freimann**, Karl-Köglsberger-Straße 17–23: Mittwoch, 13–18 Uhr

**Fürstenried-Ost**, Berner Straße 2–4: Mittwoch, 13–18 Uhr, Forstenrieder Allee (U3)

**Fürstenried-West**, Schweizer Platz: Samstag, 7–13 Uhr, Fürstenried West (U3)

**Giesing**, Giesinger Bahnhofsplatz: Freitag, 13–18 Uhr, Giesing (U2, S5/6)

**Großhadern**, Heiglhofstraße 1–11: Mittwoch, 13–18 Uhr, Großhadern (U6)

**Hadern**, Guardinistraße 90–120: Samstag, 7–13 Uhr, Haderner Stern (U6)

**Haidhausen**, Weißenburger Straße 2–10: Dienstag, 8–12 Uhr, Rosenheimer Platz (S1–8)

**Hasenbergl**, Wellenkampstraße 31–51: Donnerstag, 8–12 Uhr, Hasenbergl (U2)

**Johanneskirchen**, Fritz-Meyer-Weg 38–46: Freitag, 8–12 Uhr

**Lerchenau**, Lassallestraße 111: Freitag, 13–18 Uhr

**Messestadt Riem**, Willy-Brandt-Platz: Freitag, 10–18 Uhr, Messestadt West (U2)

**Milbertshofen**, Curt-Mezger-Platz: Freitag, 12–18 Uhr, Milbertshofen (U2)

**Moosach**, Nanga-Parbat-Straße 1–15: Donnerstag, 8–12 Uhr

**Neuaubing**. Mainaustraße 67–73: Samstag, 7–13 Uhr

**Neuhausen**, Rotkreuzplatz: Donnerstag, 10–19 Uhr, Rotkreuzplatz (U1)

**Neuperlach**, Hanns-Seidel-Platz: Dienstag, 8–17 Uhr, Freitag, 13–18 Uhr, Neuperlach Zentrum (U5)

**Perlach**, Pfanzeltplatz: Samstag, 7–13 Uhr

**Schwabing**, Münchner Freiheit: Donnerstag, 10–18 Uhr, Münchner Freiheit (U3/6)

**Sendling**, Jean-Paul-Richter-Straße 9–19: Mittwoch, 8–12 Uhr, Partnachplatz (U6)

**Solln**, Fellererplatz: Freitag, 8–12 Uhr

**Thalkirchen**, Thalkirchner Platz: Donnerstag, 13–18 Uhr, Thalkirchen (U3)

**Trudering**, Friedenspromenade: Freitag, 13–18 Uhr

**Untergiesing**, Hans-Mielich-Platz: Donnerstag, 13–18 Uhr, Candidplatz (U1)

**Untersendling**, Brudermühlstraße/Thalkirchner Straße: Samstag, 7–13 Uhr, Brudermühlstraße (U3)

**Untersendling**, Margaretenplatz: Samstag, 7–13 Uhr, Harras (U6, S7)

Mehr Infos unter: www.wochenmarkt-muenchen.de

# Haushalts*führung*

**Bei konsequenter Anwendung eines Haushaltsbuchs** kann man nach einer Befragung des Bundesfamilienministeriums bis zu 20 % der Kosten sparen. Grundsätzlich empfiehlt es sich, seinen zur Verfügung stehenden Ausgabenbetrag durch die jeweiligen Monatstage zu teilen, um das Tagesbudget zu erhalten.

Zum Einkaufen deshalb nie mehr Geld mitnehmen, als man täglich ausgeben darf. Das ist zwar manchmal nervig, verhindert aber böse Überraschungen am Monatsende. Alle Ausgaben täglich aufzuzeichnen und von allen eingekauften Produkten die Kassenzettel aufzuheben, ist ebenfalls sinnvoll. Die Kassenzettel kann man in einem separaten Ordner abheften, besonders die von Geräten. Im Schadensfall können damit Ersatzansprüche geltend gemacht werden (Garantie, Hausratversicherung, Reinigung).

Ein weiterführendes umfassendes **HAUSHALTSBUCH** mit automatischem Rechner gibt es als kostenlosen Download unter www.haushaltsbuch.org.

**EINIGE GERÄTE/PRODUKTE** kann man auch für die einmalige Nutzung ausleihen (siehe Teilbörsen). Bei größeren Anschaffungen lohnt es sich auch, über eine Finanzierung nachzudenken.

**AUCH KLEINE BETRÄGE SOLLTE MAN NICHT UNÜBERLEGT AUSGEBEN,** da aus vielen kleinen Summen eine große wird. Das gilt auch umgekehrt: Jeden Tag eine kleine Summe ergibt am Monatsende einen Betrag, mit dem man Schulden tilgen oder sich etwas „extra" leisten kann.

**EINIGE TIPPS ZUM THEMA EINKAUF**
- Nie hungrig einkaufen gehen.
- Einkäufe vorher planen.
- Alle benötigten Produkte auf einen Einkaufszettel schreiben und sich strikt daran halten (keine Produkte außerhalb des Einkaufszettels mitnehmen).
- Eileinkäufe vermeiden.
- Preise vergleichen.
- Auch bei Großpackungen auf den Preis achten. Diese sind nicht unbedingt günstiger als Kleinverpackungen. Nach neuerer Gesetzeslage sind die Lebensmittelgeschäfte (Discounter etc.) verpflicht, auch den Preis für 100g/ml bzw. 1kg/l auf dem Preisschild im Laden anzugeben. So kann man viel einfacher die Preise der einzelnen Produkte vergleichen.

## VORRATSHALTUNG

Die Vorratshaltung richtet sich nach der Anzahl der Familienmitglieder. Nicht lagerfähige Produkte werden ungenießbar, u. U. gesundheitsgefährdend und müssen entsorgt werden, das heißt Geld wegwerfen!

Jeder Bundesbürger wirft durchschnittlich 82 kg Lebensmittel im Wert von 240 Euro pro Jahr weg. Rund die Hälfte der Abfälle sind vermeidbar.

Abfälle entstehen nur dort, wo mangelnde Sorgfalt herrscht. Durch überlegte Vorbereitung und Lagerung lässt sich die Abfallmenge deutlich reduzieren. Loses Obst und Gemüse muss beispielsweise nicht immer in eigene Plastiktütchen, vieles kann auch ganz ohne in die Einkaufstasche.

**SAISONALE UND ANDERE SONDERANGEBOTE** sollten genutzt werden, dabei nur so viel einkaufen, wie in den nächsten Tagen auch verwertet wird.

**NUR LAGERFÄHIGE PRODUKTE KANN MAN AUCH AUF VORRAT KAUFEN.** Dazu zählen Mehl, Reis, Nudeln, Tomatensoße, Konserven. Auch sie sollten sachgemäß gelagert werden: Vor Austrocknen, aber auch Feuchtigkeit schützen, ebenso vor Aromaverlust und unerwünschten Gerüchen. Hier helfen Vorratsdosen, Plastikbeutel und Clips.

**UNVERPACKTES BROT** hält sich am besten in sauberen, gut schließenden, aber dennoch luftdurchlässigen Behältern. Es sollte im Gegensatz zu Toastbrot und Pumpernickel nicht im Kühlschrank aufbewahrt werden. Knäckebrot wird trocken und getrennt von anderen Brotsorten gelagert. Für eine längere Vorratshaltung kann Brot eingefroren werden. Es bleibt so über Wochen haltbar.

## LÄNGER HALTBAR SIND AUCH
- frische Kräuter für die Fensterbank: Petersilie, Schnittlauch, Rosmarin, Thymian, Basilikum
- Sonnenblumenöl, Rapsöl
- Essigessenz – verdünnt mit Obstsäften ist sie ein leckerer Essig für den Salat, außerdem kann man mit Essigessenz auch gut Kalkrückstände entfernen.
- Parmesan oder ein anderer Hartkäse am Stück
- haltbare Sahne zum Kochen oder verfeinern von Suppen und Soßen
- Kartoffeln, sie sollten dunkel und luftdurchlässig gelagert werden
- Wurzelgemüse wie Möhren, Petersilienwurzel, Sellerieknolle

**MILCH** mildert den Geschmack von zu scharf gewürzten Speisen oder den Eigengeschmack bestimmter Lebensmittel wie z.B. Wild. Sie bildet beim Erwärmen keine Haut, wenn sie gerührt wird. Offene Milch nicht in der Nähe stark riechender Lebensmittel aufbewahren, da sie deren Geruch annimmt.

## EIN PAAR WEITERE HILFSREGELN FÜR DIE EINFACHE HAUSHALTSFÜHRUNG

- Zerkratzte Teflonpfannen sind gesundheitsschädlich – bitte wenn möglich austauschen und die alte wegwerfen.

- Für den Haushalt sind eigentlich nur 3 Reiniger nötig, mit denen man die gängigen Verschmutzungen beseitigen kann: Zitrone, Essigreiniger und Spülmittel.

- Fensterputzen geht ohne großen Aufwand: einen Schuss Essigreiniger oder Spiritus in warmes Wasser geben und mit einem Mikrofasertuch feucht wischen. Dann mit dem Fensterleder oder zerknülltem Zeitungspapier trocken wischen, so wird das Fenster streifenfrei.

- Unliebsame Gerüche in der Wohnung oder im Kühlschrank lassen sich durch alten Kaffeesatz oder einer Schale frisches Kaffeepulver vertreiben.

# Kurz *gesagt!*

- Alle Kassenzettel, Rechnungen pro Tag aufheben und am Abend zusammenrechnen.

- Nur so viel Geld einstecken, wie man bereit ist, an diesem Tag auszugeben.

- Jeden Tag 10 Cent in eine Spardose stecken: Das macht in 10 Tagen 1 Euro und in 100 Tagen 10 Euro – 10 Euro, für die man sich ein kleines Extra leisten kann!

- Genauso geht es natürlich mit dem Zurückzahlen von Schulden: Kleine Raten erhalten die Freundschaft, und mit ein wenig Geduld und Spucke sind nach einer Weile die Schulden weg. Aber: Wenn man Raten vereinbart, müssen diese auch pünktlich gezahlt werden. Also lieber kleinere Raten, aber dafür regelmäßig.

- Wenn einem die Schulden über den Kopf wachsen: Überblick verschaffen! Alles muss auf den Tisch! Briefe nicht zu öffnen, macht Schuldenberge nicht kleiner! Deshalb allen Mut zusammennehmen und der Sache ins Auge blicken. Nur wenn man die Größe eines Problems kennt, kann man es richtig lösen.

- Wenn es mal finanziell eng wird: Mindestens eine Woche lang getrennt nach Essen, Getränke und Sonstiges alle Ausgaben aufschreiben. So bekommt man einen Überblick, wie viel man wofür ausgibt, und kann überlegen, an welcher Stelle man vielleicht (vorübergehend) sparen kann.

- Angebote beobachten, aber auch genau überlegen, ob man das unbedingt kaufen muss. Nichts kaufen, was man nicht braucht, nur weil es gerade günstig ist.

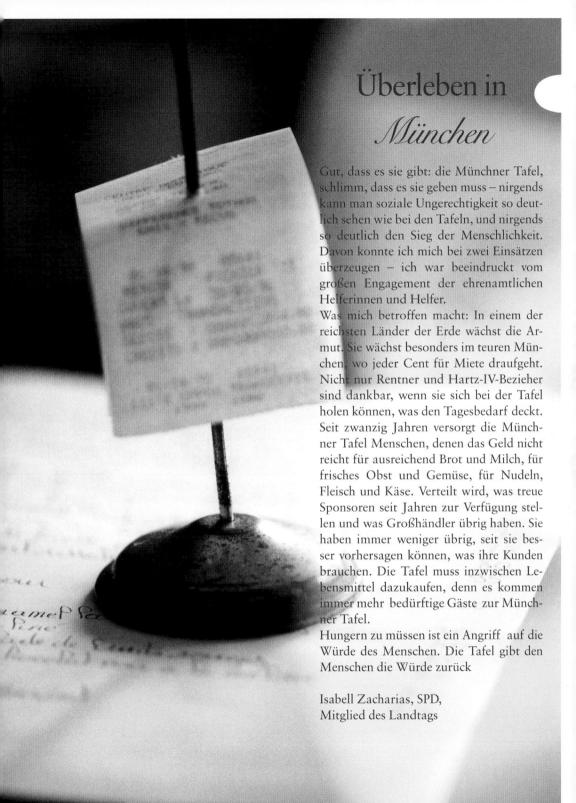

# Überleben in
## *München*

Gut, dass es sie gibt: die Münchner Tafel, schlimm, dass es sie geben muss – nirgends kann man soziale Ungerechtigkeit so deutlich sehen wie bei den Tafeln, und nirgends so deutlich den Sieg der Menschlichkeit. Davon konnte ich mich bei zwei Einsätzen überzeugen – ich war beeindruckt vom großen Engagement der ehrenamtlichen Helferinnen und Helfer.

Was mich betroffen macht: In einem der reichsten Länder der Erde wächst die Armut. Sie wächst besonders im teuren München, wo jeder Cent für Miete draufgeht. Nicht nur Rentner und Hartz-IV-Bezieher sind dankbar, wenn sie sich bei der Tafel holen können, was den Tagesbedarf deckt. Seit zwanzig Jahren versorgt die Münchner Tafel Menschen, denen das Geld nicht reicht für ausreichend Brot und Milch, für frisches Obst und Gemüse, für Nudeln, Fleisch und Käse. Verteilt wird, was treue Sponsoren seit Jahren zur Verfügung stellen und was Großhändler übrig haben. Sie haben immer weniger übrig, seit sie besser vorhersagen können, was ihre Kunden brauchen. Die Tafel muss inzwischen Lebensmittel dazukaufen, denn es kommen immer mehr bedürftige Gäste zur Münchner Tafel.

Hungern zu müssen ist ein Angriff auf die Würde des Menschen. Die Tafel gibt den Menschen die Würde zurück

Isabell Zacharias, SPD,
Mitglied des Landtags

# Teil*börsen*

"**Kollaborativer Konsum**, auch bekannt als Collaborative Consumption, Sharing Economy oder P2P Economy, steht für eine Bewegung, die Tauschhandel, Leihen, Schenken und Mieten von materiellen Dingen (wie Autos, Wohnraum und Gegenständen) und immateriellen Ressourcen (Zeit, Kenntnissen und Erfahrungen) neu definiert. Dank der rasanten Entwicklung des Internets können wir heute nicht nur digitale Güter, wie Bilder und Videos, sondern auch Wohnungen, Autos, Bohrmaschinen und vieles mehr auf effiziente Weise mit unseren Mitmenschen teilen, wenn wir sie nicht selbst verwenden." (Quelle: www.ko-konsum.org)

**IN MÜNCHEN HANDELN NACH DIESEN MASSGABEN U. A.:**
Lets Tauschnetz, Westendstr. 68, 80339 München, Tel.: 089/53 29 56 13
www.lets-muenchen.de
**WERKZEUGE**, CDs, Autos und vieles mehr kann man beim Amt für Abfallwirtschaft online ausleihen:
www.awm-muenchen.de
**AUCH BAUMÄRKTE** verleihen gegen Gebühr Werkzeug.
Kostenlos geht das bei: www.yownit.com
**CARSHARING:** In München gibt es diverse Anbieter, von Stattauto über DriveNow (BMW), Car2Go (Daimler) bis hin zu Flinkster (Deutsche Bahn).

Bei **WWW.KLEIDERKREISEL.DE** kann man kostenlos Kleidung verkaufen, tauschen oder verschenken. Daneben gibt es diverse Secondhand-Märkte, die dies anbieten, u. a. die der Wohlfahrtsverbände (Diakonia-Kaufhaus, siehe auch „Günstiger Leben in München", S. 17–19).
**AUF WWW.GEARLODE.COM** kann man sich Musikinstrumente ausleihen.
**UNTER WWW.AIRBNB.COM, 9FLATS.COM** oder WIMDU.DE kommt man an von privat vermietete Wohnungen oder Zimmer.

# Schuldner- & *Insolvenzberatung*

**FACHSTELLE ARMUTSBEKÄMPFUNG**
Landeshauptstadt München, Sozialreferat/Schuldner- und Insolvenzberatung, Barbara Schmid, S-I-SIB/FA, Mathildenstr. 3a, 80336 München, Tel.: 089/2 33-2 26 78, Fax: 089/2 33-2 47 69, E-Mail: barbara.schmid@muenchen.de oder schuldnerberatung.soz@muenchen.de

**Auch die Caritas, das Bayerische Rote Kreuz**, die Arbeiterwohlfahrt und andere Einrichtungen bieten Schuldner- und Insolvenzberatung an. Viele weitere Adressen und Kontaktdaten finden sich in „Günstiger leben in München" auf Seite 91.

# (Fast) Umsonst

**Urlaube sind für alle Menschen** ein kostbares Gut. Umso mehr für Menschen, die sich auf Grund ihrer finanziellen Verhältnisse eigentlich keinen leisten können. Aus den eigenen vier Wänden zu kommen, ist immer schon ein erster Schritt der Eintönigkeit entgegenzuwirken. Man kann mit Eigeninitiative sogar noch Geld sparen.

**IN UND UM MÜNCHEN** gibt es viele Seen und Weiher, die kostenlosen Badespass bieten. Wanderungen mit den Eltern mögen für Kinder zumeist langweilig sein. Aufregend werden sie, wenn es dabei etwas zu entdecken und erobern gibt. Im Winter kann man an diversen Hügeln rodeln. Dazu bedarf es nur einer festen Einkaufstüte. In vielen Münchner Biergärten kann man selbst zubereitete Speisen mitbringen.

Tagesausflüge in ganz Bayern lassen sich einfach mit dem Bayern Ticket der DB realisieren. Der Vorteil für Eltern bzw. Großeltern hierbei ist, dass eine vollzahlende Person (ca. 22 Euro) beliebig viele eigene Kinder oder Enkel unter 15 Jahren kostenlos mitnehmen kann. Zusätzliche Erwachsene können für ca. 4 Euro pro Person (maximal 5 Erwachsene insgesamt) mitfahren.

**WWW.FOODSHARING.DE** gibt Privatpersonen, Händlern und Produzenten die Möglichkeit, überschüssige Lebensmittel kostenlos anzubieten oder abzuholen.

Mundraub oder „guerilla harvesting" kümmert sich um die Verbreitung von Fundstellen von Obst wie Äpfel, Birnen, Zwetschgen, Kirschen und anderen meist wild wachsenden Lebensmitteln und deren freier Erntemöglichkeit. Das „Mundräuber-Handbuch" gibt Tipps, Regeln und Geschichten zur Wiederentdeckung unserer Obstallmende. (Hg.v. Kai Gildhorn, Madeleine Zahn, Katharina Frosch. Berlin 2012), auch: **WWW.MUNDRAUB.ORG**

**WWW.STADTGARTEN.ORG** unterstützt den Eigenanbau von Obst und Gemüse und hilft bei der Wissensverbreitung und Organisation.

**MÜNCHNER KRAUTGÄRTEN** Im Stadtgebiet München gibt es neben den Schrebergärten auch die sogenannten Krautgärten. Das sind reine Anbauflächen, die von der Stadt vorbereitet und per Losverfahren an Interessenten vergeben werden. Eine Parzelle kostet 2014 ab 70 Euro für die ganze Saison, ein Teil der Fläche ist bereits vorbepflanzt, der Rest kann frei bepflanzt werden. Werkzeuge und Gießwasser werden kostenlos zur Verfügung gestellt. Angebaut werden Obst, Salat und Gemüse. Die Nutzer kümmern sich ab der Zuteilung um Pflege und Ernte. Somit erhält man für wenig Geld eine ganze Saison über ökologisch angebautes Obst und Gemüse. Krautgartentelefon: Ruth Kleinöder, Tel.: 089/93 93 94 14, Montag 13–17 Uhr

Unter dem Suchbegriff „Krautgärten München" finden sich im Internet neben den städtischen auch alternative Krautgärten sowie Erfahrungsberichte.

**WILDPFLANZEN** Wenn man sich vorher z. B. in der Stadtbibliothek schlau gemacht hat, kann man auf einem Spaziergang u. a. folgende Wildpflanzen kostenlos finden, ernten und verarbeiten:

**IM FRÜHJAHR** Bärlauch, Löwenzahn, Hollunderblüten, Lindenblüten
**BIS IN DEN HERBST** hinein Pilze, Brunnenkresse, Brennnesseln, viele Beerenarten, essbare Blumen wie Gänseblümchen, Kapuzinerkresse, Lavendel oder Veilchen
**IM HERBST** Baumfrüchte, Holunderbeeren, Nüsse (Walnüsse, Haselnüsse, Bucheckern), Weichseln, Maulbeeren, Hagebutten, Quitten, Vogelbeeren

**BALKONGARTEN** Was auf jedem Balkon wächst, sind Kräuter (Petersilie, Thymian, Oreganon, Schnittlauch, Kresse, Salbei, Rosmarin, Basilikum). Sie sind günstig zu erwerben, man kann sie auch selber ziehen und sie halten den ganzen Sommer, manchmal auch das ganze Jahr. Die Kräuter wachsen nach dem Abschneiden nach. Für die Aufzucht am Balkon eignen sich auch Zucchini (auch die Blüten sind essbar), Tomaten, Radieschen und Chili.

**MÜNCHNER LEITUNGSWASSER** hat Trinkwasserqualität. Alte Leitungen müssen von der Hausverwaltung auf Legionellen getestet werden. Man kann es pur trinken oder mit Minze, (selbstgemachtem) Sirup oder Zitronenscheiben verfeinern.

**DIE HOFPFISTEREI** gibt in allen Filialen ihr übrig gebliebenes Brot stark verbilligt ab 18 Uhr und die Reste des Vortages noch günstiger jeden Tag in ihrer Filiale gegenüber der Schrannenhalle ab.

**KEIN GELD FÜR EIN HAUSTIER?** Im Tierheim kann man Hunde ausführen. Das kann man auch im eigenen Stadtviertel. Anschläge an Bäumen beachten oder im Internet suchen (www.dogsitting.de, www.tierhelden.de oder www.betreut.de/gassiservice). Dafür bekommt man meist auch noch etwas Geld. Für das eigene Haustier gibt es die Tiertafel, die kostenlos Futter verteilt. Tiertafel München, Implerstraße 1 – Eingang Kapellenweg (U-Bahn-Station Poccistraße), 81371 München, Ausgabetag: jeden 2. Samstag 11–15 Uhr

Das Sozialreferat verteilt seit Mitte 2013 den Infoführer „GÜNSTIGER LEBEN IN MÜNCHEN". Beziehbar ist er über die Stadtinformation der Stadt München im Rathaus am Marienplatz (dort gibt es auch viele Broschüren und Flyer zu Gesundheit, Kultur, Kinder, Alter, Sport u. ä., auch von nicht-städtischen Veranstaltern) oder online einsehbar unter www.muenchen-gegen-armut.de. Er wird auch an den Ausgabestellen der Münchner Tafel verteilt.

Darin enthalten ist u. a. der MÜNCHEN PASS, der Bürgerinnen und Bürgern mit Wohnsitz in München eine Vielzahl von Vergünstigungen bei der Inanspruchnahme von städtischen und nicht-städtischen Einrichtungen bietet. Dazu gehören u. a. der MVV, Museen, Sportstätten, Schwimmbäder, Kinos, Theater, Tierpark und viel mehr. Auch vergünstigte Medikamente sind hierüber zu beziehen.

**DER MÜNCHNER FERIENPASS** Damit kann man kostenlos oder ermäßigt in den Tierpark, in Museen, zum Schwimmen u. v. m. Es gibt ihn für Kinder bis 14 Jahren und Jugendliche bis 17 Jahren. Familien mit geringen Einkommen oder ALG II können ihn über Stiftungsmittel kostenlos beim Sozialbürgerhaus erhalten.

**KULTUR UMSONST** bieten „TUNIX", das jeden Sommer an der TU-Wiese stattfindende Festival mit Musik und Kabarett, die Konzerte am Theatron im Olympiapark oder LILA-LU. Kostenlose Theatervorführungen gibt es an mehreren Wochenenden im Juli im Amphitheater im nördlichen Englischen Garten (www.muenchner-sommertheater.de). Bei „Oper für alle" überträgt das Nationaltheater ausgewählte Inszenierungen auf eine Leinwand auf den Max-Joseph-Platz.

Die meisten **MÜNCHNER MUSEEN** kann man an bestimmten Tagen ohne Eintritt besuchen. Auch Besucher unter 18 Jahre haben in einige Museen freien Eintritt. Andere Museen wiederum verlangen am Sonntag nur 1 Euro Eintritt. Weitere Informationen finden sich im Internet unter www.muenchen.de und auf den Internetseiten der entsprechenden Museen.

Kein Eintritt wird auch in der **BMW WELT** verlangt. Dort ist jeden letzten Sonntag im Monat im BWM Forum Familientag. Auch der dort stattfindende BMW Jazz Award (ab Januar an 6 Sonntagen) ist bis auf die Schlussveranstaltung kostenfrei. BMW Welt, Am Olympiapark 1, 80809 München, Tel.: 0 18 02/11 88 22

In den **MÜNCHNER STADTBIBLIOTHEKEN** kann man sich nicht nur Infos für die Spaziergänge und Exkursionen holen, man kann dort auch kostenlos Tageszeitungen lesen oder im Internet surfen. Die Ausleihe von Büchern und Medien kostet bis auf wenige Ausnahmen nichts.

Der **KULTURRAUM MÜNCHEN** bietet bei unzähligen Veranstaltungen wie Konzerten, Theater, Filmvorführungen u. v. m. freien Eintritt.
Kulturraum München, Dachauerstr. 114, 80636 München, Tel.: 089/55 26 71 83,
Mo–Fr 10–12.30 Uhr, www.kulturraum-muenchen.de, info@kulturraum-muenchen.de

**SPORT** Neben den kostengünstigen Sportvarianten Jogging, Walken und Radfahren bietet das Sportamt der Stadt von Mai bis Ende September täglich ab 18 Uhr im Luitpoldpark, Ostpark, Westpark und im Riemer Park kostenlose Gymnastik an. Alle Frühaufsteher können sich zudem von 8 bis 8.30 Uhr im Luitpoldpark mit Yoga ertüchtigen.
Im Dianatempel im Hofgarten kann man im Sommer neue Tanzschritte kostenlos lernen. Dort treffen sich die MünchnerInnen an warmen Mittwochabenden zum Salsa, freitags zum Tango und sonntags zum Swing.

In den gängigen wöchentlichen Anzeigenblättern und Tageszeitungen gibt es unter den Kleinanzeigen auch die Rubrik „zu verschenken", ebenso im Internet unter www.quoka.de.

# Energie*spartipps*

**Haushaltsgeräte sind Energiefresser**. Ihr Verbrauch macht etwa die Hälfte der Stromrechnung aus. So beanspruchen Kühl- und Gefriergeräte ca. 21 %, Kochen und Backen 9 % und Waschen und Trocknen 7 % des durchschnittlichen Stromverbrauchs. Je älter das Gerät, desto höher fällt auch der Stromverbrauch aus. Schon bei einem 10 Jahre alten Kühlschrank lohnt es sich, nachzurechnen, ob eine Neuanschaffung auf Dauer nicht billiger kommt. So lassen sich zum Teil 116 Euro im Jahr einsparen. Ähnlich ist es bei Wäschetrocknern. Ab wann sich ein Neukauf lohnt, kann man sich kostenfrei auf der Datenbank der Deutschen-Energie-Agentur ausrechnen lassen (www.stromeffizienz.de).

Die **ENERGIEBERATUNG FÜR HAUSHALTE MIT GERINGEN EINKOMMEN** der Stadtwerke München (SWM) richtet sich an Familien, die von den Rundfunkgebühren befreit sind, ALG II beziehen oder ein ähnlich niedriges Einkommen haben. Ehrenamtliche Mitarbeiter nehmen dabei die Energienutzung unter die Lupe und tauschen stromfressende Altgeräte gegen sparsamere kostenlos aus. Die Hotline des SWM ist vormittags von 9 bis 12.30 Uhr unter der Telefonnummer 089/23 61 23 61 erreichbar.

Eine kostenlose Energieberatung bietet auch der **WEISSE RABE** für Bezieher von ALG II, Wohngeld, Sozialhilfe bzw. Grundsicherung an. Bei einem Erstbesuch wird die Energiesituation untersucht. Beim Zweitbesuch werden Maßnahmen zur Verringerung der Energiekosten umgesetzt. Dabei erhält man dann Engerieeinspargeräte im Wert von bis zu 70 Euro kostenlos im Austausch für die alten „Energiefresser". Kontakt und Anmeldung: Stromspar-Check München Stadt, Weißer Rabe soziale Betriebe und Dienste GmbH, Margaretha-Ley-Ring 17, 85609 Dornach, Tel.: 089/86 49 78-0, stromsparcheck@weisser-rabe.de, www.weisser-rabe.de

## WICHTIGE TIPPS ZUR EINSPARUNG VON ENERGIE

- Elektrogeräte wie Fernseher, Drucker, Computer nicht im Standby-Zustand belassen, sondern nach dem Gebrauch immer ganz ausschalten. Gibt es an dem Gerät keinen entsprechenden Knopf, hilft eine Mehrfachsteckdose mit Ausschalter.
- Beim Kochen immer einen Topfdeckel verwenden. Schmale hohe Töpfe sind energiesparender als breite flache.
- Bei Herdplatten und Ofen kann man noch 15 Minuten nach dem Ausschalten die Restwärme nutzen.
- Elektrische Heizwärmer sind extreme Stromfresser.
- Bevor man heiße Speisen in den Kühlschrank stellt, sollte man sie erst auf Zimmertemperatur abkühlen lassen, da sonst sehr viel Energie benötigt wird, um den Innenraum wieder herunterzukühlen.
- Die Kühlschranktür nie länger als unbedingt nötig offen lassen.
- Kühlschränke möglichst nicht in der Nähe von Herd oder Geschirrspülmaschine aufstellen.
- Gefriertruhen nicht der Sonneneinstrahlung aussetzen. Gefriertruhen und -fächer unbedingt regelmäßig abtauen. Zugeeiste Geräte sind extreme Energiefresser.

**HEIZUNG** Mit einem Anteil von etwa 70 % verbraucht die Heizung die meiste Energie in einem Haushalt. Jedes Grad Raumtemperatur schlägt sich direkt auf die Kosten nieder. Schon ein Grad Wärme weniger kann die Heizkosten um ca. 6 % senken. Daher sollte man die Temperaturen in den einzelnen Räumen der jeweiligen Nutzung anpassen. So sollten z. B. das Wohn- und Esszimmer eine Wärme von 20 bis 22 °C aufweisen, Kinderzimmer etwa 20 °C. Für eine gesunde Nachtruhe reichen 15 bis 18 °C aus. Unbedingt ist zu beachten, dass man bei unterschiedlichen Temperaturen in den verschiedenen Räumen die Türen immer geschlossen halten sollte, da sich sonst die Wärme in der gesamten Wohnung gleichmäßig verteilt und sich der Heizbedarf für die gesamte Wohnung erhöht.

- Die Heizkörper regelmäßig entlüften, damit nur das Wasser und nicht zusätzlich noch die Restluft im Heizkörper erhitzt wird.
- In Wohnungen mit Etagenheizung reagiert der Boiler auf die Anforderung auf Warmwasser schneller, wenn man den Warmwasserhahn kurz auf- und wieder abdreht. Dreht man ihn erneut auf, ist das Warmwasser zumeist schon da. Das spart Energie und Wasser.
- Lüften im Winter verbessert das Wohnklima und spart Heizkosten. Drei bis vier Mal am Tag kurz durchlüften, damit die feucht-warme Innenluft der Wohnung nach außen ziehen und trocken-kalte Außenluft eindringen kann. Dabei die Heizung herunterdrehen.

**WASSERVERBRAUCH** Der Wasserverbrauch beim Duschen bei einer durchschnittlichen Dauer von 5 Minuten beträgt rund 50 Liter und kostet ca. 0,42 Euro pro Person und Duschvorgang. Dieser Betrag erhöht sich je nach Wohnungsgröße, Wasseraufbereitung und Personenzahl. Allein durch den Einbau eines Duschsparkopfes lässt sich der minütliche Verbrauch um fast 50 % senken. Bei fünf Mal Duschen pro Woche spart man pro Person jährlich 30 Euro. Ein Vollbad verbraucht dreimal so viel Wasser wie einmal duschen.

Bei einem tropfenden Wasserhahn laufen pro Tag ungenutzt rund 30 Liter in den Abfluss, das macht im Jahr 10 000 Liter. Davon kann man zweihundertmal duschen. Gleiches gilt für eine dauerhaft laufende Toilettenspülung. Hier kommen pro Tag bis zu 500 Liter zusammen. Vergegenwärtigt man sich noch, dass man selbst pro Tag und Person zum Kochen und Trinken nur 5 Liter und für sonstigen Verbrauch 13 Liter benötigt, muss selbst der Rechenunkundigste verstehen, dass sich kleine Investitionen wie Sparduschkopf, Wasserhahn zudrehen, Spülung/Schwimmer korrigieren oder Stopptaste bei der jährlichen Nebenkostenabrechnung sehr positiv auf den Geldbeutel auswirken.

# Repair *Café & Co.*

**Was macht man mit einem Stuhl, an dem ein Bein kaputt ist?** Mit einem Toaster, der nicht mehr funktioniert? Mit einem Wollpullover mit Mottenlöchern? Wegwerfen? Nein!

In Europa werden Unmengen von Gebrauchsartikeln weggeworfen. Auch Gegenstände, an denen wenig kaputt ist und die nach einer einfachen Reparatur problemlos wieder verwendet werden könnten. Die Grundstoff- und Energiemenge, die für die Herstellung neuer Produkte erforderlich ist, wird somit gespart. Das gilt auch für die $CO_2$-Emissionen. Leider ist das Reparieren aus der Mode gekommen bzw. viele wissen einfach nicht mehr, wie man Dinge repariert.

**REPAIR CAFÉS** möchten das ändern und bieten Treffen an, bei denen die Teilnehmer alleine oder gemeinsam mit anderen ihre kaputten Dinge reparieren können. An den Orten, an denen das Repair Café stattfindet, ist Werkzeug und Material für alle möglichen Reparaturen vorhanden. Zum Beispiel für Kleidung, Möbel, elektrische Geräte, Fahrräder, Spielzeug und vieles mehr. Vor Ort sind auch Reparaturexperten zu finden: Elektriker, SchneiderInnen, Tischler und FahrradmechanikerInnen. Man bekommt zumeist nicht nur sein defektes Gerät kostenfrei repariert (die Erfolgsquote liegt bei ca. 80 %), sondern lernt auch Fertigkeiten und Menschen kennen. In München ist z. B. **PROF. DR. WOLFGANG M. HECKL**, Generaldirektor des Deutschen Museums, ein großer Unterstützer dieser Idee. Informationen zu Repair Cafés gibt es unter www.repaircafe.org. Daneben gibt es in München auch das Haus der Eigenarbeit – **HEI**. Viele Sachen können auch zu den normalen Öffnungszeiten (Di–Fr 15–21 Uhr, Sa 12–18 Uhr) dort repariert, restauriert, umgearbeitet werden – in der Holz-, Metall-, Polster-, Näh- und Papierwerkstatt, auch einfache Elektroreparaturen können nach telefonischer Voranmeldung fachgerecht organisiert werden.
Haus der Eigenarbeit, Wörthstr. 42/RG, 81667 München, Tel.: 089/4 48 06 23 oder unter welcome@hei-muenchen.de

Grundsätzlich sollte man sich vor kostenpflichtigen Reparaturen einen Kostenvoranschlag geben lassen oder einen Festpreis vereinbaren. Die Rechnungen sollte man immer aufheben, möglicherweise gibt es auch eine kostenlose Reparatur über die Garantie des Gerätes oder aus Kulanz des Geschäftes. Bei rechtlichen Fragen kann man sich auch an die **VERBRAUCHERZENTRALE BAYERN E. V.**, Mozartstr. 9, 80336 München, Tel.: 089/5 39 87 21 wenden.
Einen guten Überblick über Geschäfte, die Reparaturen vornehmen, bietet der „Reparaturführer für München und das Umland" des Amts für Abfallwirtschaft der Landeshauptstadt München. Zu erhalten ist er in der Stadtinformation im Rathaus oder im Amt für Abfallwirtschaft, Stichwort „Reparaturführer", Postfach 500140, 80971 München, Tel.: 089/23 33 12 36.

# Haushalts*plan-Vorlage*

Woche vom ............ bis ............

| | Soviel Geld kommt rein | Soviel Geld gebe ich aus | Das bleibt übrig | Das fehlt |
|---|---|---|---|---|
| Montag | | | | |
| Dienstag | | | | |
| Mittwoch | | | | |
| Donnerstag | | | | |
| Freitag | | | | |
| Samstag | | | | |
| Sonntag | | | | |

Woche vom ............ bis ............

| | Soviel Geld kommt rein | Soviel Geld gebe ich aus | Das bleibt übrig | Das fehlt |
|---|---|---|---|---|
| Montag | | | | |
| Dienstag | | | | |
| Mittwoch | | | | |
| Donnerstag | | | | |
| Freitag | | | | |
| Samstag | | | | |
| Sonntag | | | | |

# Impressum

## Sponsoren dieser *Ausgabe*

Adobe Systems GmbH • www.adobe.com
Agentur Maximilian • www.agentur-maximilian.com
Clifford Chance • www.cliffordchance.com
Dort-Hagenhausen-Verlag • www.d-hverlag.de
Ernst-Jakob-Henne-Stiftung • München
Eselsohr Leseabenteuer GmbH • www.eselsohr-leseabenteuer.de
franzmünchinger UG • www.franzmuenchinger.de
Linklaters LLP • www.linklaters.com
Metzler Stiftung • www.metzler-stiftung.de
State Street Bank GmbH • www.statestreet.com
Christine Paxmann text  konzept  grafik • www.christinepaxmann.de
StockFood GmbH • www.stockfood.de

**BILDNACHWEIS**
Fotolia: S. 118, 121, 127, 133, 135, 138, 139, 140, 141, 142, 143
Münchner Tafel e.V.: S. 10
Christine Paxmann: S. 47, 123
Stockfood: U1, S. 4, 12, 15, 16, 19, 21, 23, 24, 27, 29, 31, 33, 34, 37, 39, 41, 42, 49, 50, 52, 54, 56, 59, 63, 65, 67, 68, 70, 73, 75, 76, 77, 83, 87, 89, 91, 95, 96, 101, 102, 103, 106, 108, 110, 112, 115, 117, 125, 130, 144, 151

**BERATUNG**
Hannelore Kiethe, Vorsitzende der Münchner Tafel e. V.
Wenka Russ, Presse- und Öffentlichkeitsarbeit der Münchner Tafel e. V.

**KONZEPT, TEXTE UND REZEPTE**
Hans-Jürgen Hereth, selbst ehrenamtlicher Helfer bei der Münchner Tafel e. V.

**PROJEKTKOORDINATION, GESTALTUNG UND BILDREDAKTION**
Christine Paxmann text • konzept • grafik, München

**DRUCK**
Druckerei Theiss, St. Stefan im Lavanttal, www.theiss.at

© Münchner Tafel e. V.
mit freundlicher Unterstützung der Leseabenteuer GmbH
im Vertrieb des Dort-Hagenhausen-Verlags
ISBN 978-3-938428-28-3
printed in Austria